Ausência

Dados Internacionais de Catalogação na Publicação (CIP)
(Câmara Brasileira do Livro, SP, Brasil)

Han, Byung-Chul
　　Ausência : sobre a cultura e a filosofia do extremo oriente / Byung-Chul Han ; tradução de Rafael Zambonelli. – Petrópolis, RJ : Vozes, 2024.

　　Título original: Abwesen

　　1ª reimpressão, 2024.

　　ISBN 978-85-326-6850-9

　　1. Cultura 2. Filosofia oriental 3. Sociedade I. Título.

24-206265　　　　　　　　　　　　　　　　　　CDD-181

1. Filosofia oriental   181
Eliane de Freitas Leite – Bibliotecária – CRB 8/8415

BYUNG-CHUL HAN
Ausência
**Sobre a cultura e a filosofia
do Extremo Oriente**

TRADUÇÃO DE
Rafael Zambonelli

EDITORA
VOZES

Petrópolis

© 2007 Merve Verlag Berlin

Tradução do original em alemão intitulado
Abwesen – Zur Kultur und Philosophie des Fernen Ostens

Direitos de publicação em língua portuguesa:
2024, Editora Vozes Ltda.
Rua Frei Luís, 100
25689-900 Petrópolis, RJ
www.vozes.com.br
Brasil

Todos os direitos reservados. Nenhuma parte desta obra poderá ser reproduzida ou transmitida por qualquer forma e/ou quaisquer meios (eletrônico ou mecânico, incluindo fotocópia e gravação) ou arquivada em qualquer sistema ou banco de dados sem permissão escrita da editora.

CONSELHO EDITORIAL

Diretor
Volney J. Berkenbrock

Editores
Aline dos Santos Carneiro
Edrian Josué Pasini
Marilac Loraine Oleniki
Welder Lancieri Marchini

Conselheiros
Elói Dionísio Piva
Francisco Morás
Gilberto Gonçalves Garcia
Ludovico Garmus
Teobaldo Heidemann

Secretário executivo
Leonardo A.R.T. dos Santos

PRODUÇÃO EDITORIAL

Aline L.R. de Barros
Jailson Scota
Marcelo Telles
Mirela de Oliveira
Natália França
Otaviano M. Cunha
Priscilla A.F. Alves
Rafael de Oliveira
Samuel Rezende
Vanessa Luz
Verônica M. Guedes

Diagramação: Victor Mauricio Bello
Revisão gráfica: Heloísa Brown
Capa: Editora Vozes

ISBN 978-85-326-6850-9 (Brasil)
ISBN 978-3-88396-235-1 (Alemanha)

Este livro foi composto e impresso pela Editora Vozes Ltda.

*Há uma história chinesa que fala
de um velho pintor que mostrou seu
último quadro aos amigos. Nele, havia
um parque, um caminho estreito que
margeava a água e atravessava um
arvoredo, levando a uma pequena porta
que dava acesso a uma casinha. Mas,
quando os amigos se viraram para
olhar o pintor, ele havia sumido e estava
dentro do quadro. Então ele andou pelo
caminho estreito em direção à porta,
ficou parado diante dela, virou-se, sorriu
e desapareceu pela sua fresta.*
Walter Benjamin

Sumário

Prefácio, 9

Essência e ausência – *Habitar em parte alguma*, 11

Fechado e aberto – *Espaços da ausência*, 52

Luz e sombra – *Estética da ausência*, 74

Conhecimento e parvoíce – *A caminho do paraíso*, 100

Terra e mar – *Estratégias do pensamento*, 117

Fazer e acontecer – *Para além de ativo e passivo*, 152

Cumprimento e reverência – *Amabilidade*, 179

Referências, 199

Prefácio

> *Um país onde quem diz "eu"*
> *imediatamente afunda na terra.*
> Elias Canetti

Durante muito tempo, o estrangeiro foi objeto de violenta exclusão ou apropriação no Ocidente. Ele não estava presente no interior do próprio. E hoje? Ainda existe o estrangeiro? Atualmente, alimentamos a crença de que todos são iguais de alguma forma. Assim, o estrangeiro desaparece novamente do interior do próprio. Talvez não faça mal acreditar que de fato há um país "onde quem diz 'eu' imediatamente afunda na terra". É salutar reservar em si um espaço para o estrangeiro. Seria uma expressão de amabilidade, que também torna possível *tornar-se outro*. O presente livro introduz uma cultura *estrangeira*, uma cultura da *ausência*, que parecerá muito maravilhosa aos habitantes da cultura ocidental, que é orientada para a essência.

Essência e ausência
Habitar em parte alguma

> *Um bom andarilho não deixa rastros.*
> Laozi

É interessante que a palavra alemã para essência, *Wesen* (do alto-alemão antigo *wesan*), signifique originalmente permanecer em um lugar, morada, questões domésticas, habitação e duração. "Vesta", a deusa romana do lar doméstico, tem a mesma raiz etimológica. A essência remete à casa e ao trabalho doméstico, à propriedade e à posse, ao duradouro e estável. A essência é uma *morada*. A casa guarda a posse e o patrimônio. A interioridade da casa é inerente à essência. A palavra grega *ousia*, com a qual Aristóteles designou a essência, também significa originalmente propriedade, quinta e propriedade fundiária. A metafísica ocidental é dominada pelo conceito de essência, que reúne em si identidade, duração e interioridade, habitação, permanência e posse. Para Platão, o Belo é o idêntico, o imutável, o duradouro. Ele é "em si, por si e consigo mesmo, possuindo sempre uma forma única"[1]. O Eros de Platão, que almeja alcançar o divinamente belo, é o filho de Poro. No plural, Poros também significa renda e dinheiro. Poro – literalmente, "caminho" – conduz à posse. Esse caminho, que é orientado a um objetivo, é inteiramente absorvido pela intencionalidade da posse. Ele se torna *a-porético* quando não conduz à *univocidade* da posse. Segundo Platão, o próprio Eros é um "poderoso caçador" por causa do seu pai. Ele é animado pelo poder e pela posse. Para ele, ser é *desejar*.

A essência é substância. Ela subsiste. É o imutável que resiste à mudança persistindo em si como o mesmo e, por isso, se distingue do outro. O verbo latino *substare*, do qual deriva *substantia*, significa, entre outras coisas, "resistir". E *stare* também é empregado no sentido de "afirmar-*se*". Em virtude de sua

---

[1] Platão. *O Banquete*. Petrópolis: Vozes, 2017, 211b.

substancialidade, em virtude de sua essencialidade, o Um resiste ao outro, afirma-*se*. A substancialidade é uma estabilidade, uma resolução de *si*. Só quem tem uma posição segura e firme e *mantém a si mesmo* com firmeza pode também resistir ao outro. A essência é o mesmo, que se demarca do outro ao *habitar* em si. É próprio à essência ou à substancialidade um esforço que aspira a si. O conceito grego de *hypostasis* significa não apenas essência e substrato, mas também resistência e estabilidade. E *stasis*, além de estar, posição e situação, também significa insurreição, discórdia e combate. Portanto, de acordo com sua origem, a essência é tudo menos afável. Somente algo que está inteiramente resoluto de si, que mantém a si mesmo com firmeza e *habita* em si permanentemente, isto é, que tem a interioridade da essência, também pode travar um conflito e um combate com o outro. Sem a resolução de si, que é o traço fundamental da essência, nenhum combate é possível. Além disso, só tem poder quem é capaz de *permanecer* inteiramente *em si mesmo* no outro. O poder está prefigurado na figura da essência.

Devido a essa prefiguração, a cultura ou o pensamento que se orientam à essência desenvolvem necessariamente uma abertura *a si* que se expressa como *desejo* de poder e posse.

Na *Monadologia*, Leibniz leva ao limite, de maneira consequente, a ideia de essência, ou seja, de substância. A "mônada" representa a consequente exacerbação e acabamento da essência. A mônada *habita* inteiramente em si. Não ocorre nenhuma troca com o exterior. Assim, as mônadas não têm "janelas pelas quais alguma coisa possa entrar ou sair" (*Monadologia*, §7). Esse fechamento total é correlato à interioridade absoluta da casa sem janelas. O único movimento que ela tem é o "esforço" que aspira a si, a autoafecção, o *afeto sobre si mesma*, a saber, a "*apetição*". A vida interior da mônada, a saber, a "percepção", é regida inteiramente pelo "apetite". A mônada é um "espelho do universo" (*Monadologia*, §83). Mas ela não reflete o universo abandonando-se às coisas. Antes, ela as representa (*représente*) ou exprime (*exprime*). Ela não é passiva, mas ativa ou expressiva. A alma leibniziana como "*mirroir vivant*" [espelho vivo] é um lugar do desejo. O universo é apenas um objeto de sua "apetição". A mônada o percebe porque tem apetite por ele. É só o apetite que deixa o mundo *ser* propriamente. *Existir é desejar*. Sem desejo, não há nada. Assim, o nada é "mais simples e mais fácil" (*plus simple et plus facile*) que a existência. Para existir, é necessário um esforço, um afinco: "*itaque dici potest Omne possibile Existiturire* [...]"[2] [portanto, pode-se dizer que todo possível aspira à existência]. O *verbum desiderativum* "Existiturire" (querer ser) designa o "conatus ad Existentiam" [esforço para a existência]. Aquilo que é presente é, em sua presença, exigente, isto é, ele quer. É a *alma* que *anima* a existência para a exigência. A existência é, *fundamentalmente*, exigência. O fundamento do ser é o querer, que depois, sobretudo na modernidade, vai se manifestar como querer *a si mesmo*. Querendo ou mesmo gostando *de si mesmo*, tudo o que é presente deve *realizar a si mesmo*.

---

2 Leibniz, G. W. *Die philosophischen Schriften*. Vol. 7. Berlim: Weidmann, 1890, p. 289.

Apesar de seu esforço para deixar para trás o pensamento metafísico, apesar de estar sempre buscando se aproximar do pensamento do Extremo Oriente, Heidegger também permaneceu um filósofo da essência, da casa e da habitação. É verdade que ele deu adeus a alguns padrões de pensamento metafísicos. Mas a figura da essência continua dominando seu pensamento. Heidegger emprega quase excessivamente a palavra "essência". Os traços fundamentais da essência, como posição, estabilidade, ipseidade ou duração, repetem-se constantemente em seu pensamento, ainda que de forma modificada. Expressões como "estabilidade", "resolução de si", "permanência de si" ou "autopermanência", dominam o vocabulário da sua analítica do *Dasein*. Ele também pensa o combate e a essência em conjunto: "no combate essencial [...] os combatentes elevam-se, tanto um quanto outro, na autoafirmação de sua essência"[3]. Como já foi indicado, a dimensão do combate (*stasis*)

---

3 Heidegger, M. *Holzwege*. Gesamtausgabe, vol. 5: Abt. 1. Frankfurt am Main: Vittorio Klostermann, 1977, p. 35.

é inerente à representação grega da essência como *hypostasis*. Não somente a figura do combate, mas também a do diálogo, da qual Heideger se serve repetidamente, pressupõe um portador da essência, a saber, um pre-sente, isto é, uma pessoa ou um indivíduo que tem uma posição ou um ponto de vista que é idêntico a si mesmo e permanece igual a si mesmo. As partes envolvidas devem ser propriamente pre-sentes. Segundo Heidegger, o amor também consiste em ajudar o outro a aceder a sua "essência": "institua o amor! Talvez a interpretação mais profunda da questão 'o que é o amor?' resida na sentença de Agostinho: '*amo volo ut sis*', eu amo, isto é, eu quero que o amado seja o que ele é. O amor é o deixar-ser no sentido mais profundo, conforme o qual ele convoca a essência"[4].

Etimologicamente, o símbolo chinês para "ser" (*you*, 有) representa uma mão que segura um pedaço de carne. Além de "ser", *you* também

---

4 Heidegger, M. *Reden und andere Zeugnisse eines Lebensweges 1910-1976*. Gesamtausgabe, vol. 16: Abt. 1. Frankfurt am Main: Vittorio Klostermann, 2000, p. 563.

significa "ter" e "possuir". No entanto, o ser como exigência, como apetição, não domina o *pensamento* chinês. Ao contrário, este se dedica entusiasticamente ao jejum. O pensamento taoísta investe em toda uma série de negações para formular que a existência, *fundamentalmente*, não é exigência, insistência, habitação. O sábio "caminha no não ser" (*you yu wu you*, 遊於無有, Z. [Zhuang Zhou] Livro 7). Zhuang Zhou também fala em "caminhar na simplicidade" (*you yu dan*, 遊於淡)[5]. Com o "não" (*wu*, 無), Laozi nega igualmente a "essência" (*wu*, 物). A "não essência" (*wu wu*, 無物, L. [Laozi], §14), ou melhor, a au-sência[6] se furta a qualquer fixação substancial. Por conseguinte, a não essência está vinculada ao caminhar, à não habitação. O sábio caminha onde não há "porta nem casa" (*wu men wu fang*, 無門無房, Z. Livro 22). Ele é compara-

---

5 O símbolo *dan* significa, além de "simples", "não desejoso" ou "indiferente". Assim, é possível traduzi-lo por "ausente". Então a tradução de *you xin yu dan* (遊心於淡) ficaria: "deixe o coração caminhar em ausência".

6 O autor joga com a palavra *Abwesen*, composta por *Wesen* (essência) e o prefixo *ab*, que possui aqui um sentido de negação. Daí a oposição feita entre essência e au-sência, *Wesen* e *Ab-wesen* [N.T.].

do a uma codorna que não tem ninho, ou seja, não tem uma morada fixa. Ele caminha "como um pássaro e não deixa rastros" (*niao xing er wu ji*, 鳥行而無跡, Z. Livro 12). Certamente, o caminhar taoísta não é totalmente idêntico à "não habitação" budista (*wu zhu*, 無住). Mas a negatividade da ausência os conecta[7]. O mestre zen japonês Dogen também ensina o habitar em parte

---

[7] François Jullien exclui amplamente o budismo da sua China. Segundo ele, o pensamento indiano, de onde se origina o budismo, é "metafísico". Sua tese problemática é que ele é fundamentalmente distinto do pensamento chinês. Para ele, o vazio budista, *kong*, significa "inexistência", o que pertence à metafísica do "ser e do não ser", ao passo que o vazio taoísta, *xu*, designa a abertura funcional que permite o desdobramento completo dos efeitos. As opiniões de Jullien sobre o budismo são incrivelmente gerais e unilaterais. Já é problemático falar em uma metafísica "indo-europeia" em relação ao "vazio" budista. A "filosofia do vazio", do filósofo indiano Nagarjuna, que foi influenciado pelo budismo maaiana, é justamente antimetafísica. Ela conduz ao vazio toda posição metafísica. Sabe-se que o próprio Buda se recusou a se envolver com questões genuinamente metafísicas, como o surgimento do mundo ou a imortalidade da alma. Nisso ele se aproxima do Confúcio que se recusou a investigar o oculto. É interessante que, ao excluir da sua China o budismo enquanto algo indo-europeu, Jullien recorra a pensadores marcados pelo cristianismo, como Plotino, Agostinho e Kant, enquanto antípodas de seus pensadores chineses. Ora, o próprio cristianismo não tem origens "gregas" ou "indo-europeias". Mas como compreender a Europa sem o cristianismo?

alguma: "um monge zen não deve ter domicílio, como as nuvens, e não deve ter um suporte fixo, como a água"[8].

O bom caminhante não deixa rastros (*shan xing wu zhe ji*, 善行無轍跡, L. §27). O rastro indica uma determinada *direção*. E sugere um agente e sua intenção. Ao contrário, o caminhante de Laozi não persegue nenhuma intenção. E ele não vai *a* lugar algum. Ele anda "sem direção" (*wu fang*, 無方, Z. Livro 17). Ele se funde inteiramente com o caminho, que, por sua vez, não leva *a* lugar algum. Os *rastros* só surgem no *ser*. O tópos fundamental do pensamento do Extremo Oriente não é o *ser*, mas o *caminho* (*dao*, 道). Falta ao caminho a solidez do ser e da essência, que permitiria o surgimento de rastros. E nenhuma teologia o força a seguir uma trajetória linear. O *dao* não é um *poros*. Assim, ele está liberado tanto da possibilidade da posse quanto da impossibilidade da aporia. Essa diferença entre *ser* e *caminho*, habitar e caminhar, essência e ausência é

---

8 Dogen. *Shôbôgenzô zuimonki. Unterweisungen zum wahren Buddha-Weg.* Heidelberg: Kristkeitz Werner, 1997, p. 168.

decisiva. É preciso explorá-la minuciosamente em todas as suas consequências. Ao contrário do ser, o caminho não permite nenhum fechamento substancial. Sua processualidade infinita impede que algo subsista, insista ou persista. Assim, não surgem essencialidades fixas. A *alma* também insiste. Ela é composta de *rastros*, por assim dizer. A ausência a extingue. É nisso que consiste o *vazio*. Zhuang Zhou descreve o caminhar na ausência da seguinte maneira: "Todas as diferenças desaparecem ali. Minha vontade não tem objetivo, e eu não sei aonde estou indo. Eu vou e venho e não sei aonde estou indo. Eu vou e venho e não sei onde vou parar. Eu caminho de um lado para o outro e não sei onde isso acaba"[9].

O caminhante *não habita em parte alguma*. O nome da figura que recomenda caminhar no não ser ao "Chão do Céu", que buscava seus conselhos, é "Wu Ming" (無名, literalmente, "o sem nome", Z. Livro 7). O *nome* transforma uma pessoa em *alguém*

---

9 Zhuang Zhou. *Das wahre Buch vom südlichen Blütenland*. Düsseldorf: Diederichs, 1969, p. 7.

no sentido forte da palavra. Ao contrário, o sábio não tem nome (*sheng ren wu ming*, 聖人無名, Z. Livro 1). Ele "não tem eu" (*wu ji*, 無己 ou *wu wo*, 無我). Esse tópos da ausencialidade não caracteriza apenas o taoísmo. Ele também se encontra em Confúcio. Como ele diz nos *Analectos*: "o mestre era sem eu". Para a negação do eu, emprega-se aqui, de maneira incomum, a partícula de negação *wu* (毋), que sempre precede um verbo. Assim, o eu é verbalizado ao mesmo tempo em que é negado. Confúcio não *eu*zava. Ele não transformava nada em conteúdo de seu eu.

Na verdade, se olharmos por outra perspectiva, o ser, *you* – a saber, a mão que segura um pedaço de carne –, opera de uma maneira muito prosaica. Assim, para existir basta um pedaço de carne. Alimentar-se é um ato realmente prosaico. Enquanto tal, ele não é exigente. Falta-lhe a insistência do desejo. Zhuang Zhou chega mesmo a colocar as roupas e a comida entre as propriedades *naturais* às quais o ser humano tem de retornar (cf. Z. Livro 9). A barriga (*fu*, 腹) não deseja. O desejo se baseia na distinção[10]. Quem distingue e, com isso, aspira a algo determinado não é a barriga, mas o paladar (*wei*, 味). Assim, Laozi exige: "esvazie o coração (*xu qi xin*, 虛其心) e encha a barriga (*shi qi fu*, 實其腹). Enfraqueça a vontade (*ruo qi zhi*, 弱其志) e fortaleça os ossos (*qiang qi gu*, 強其骨)" (L. §3).

Estar satisfeito e forte certamente não é o ideal taoísta. Tanto a barriga quanto os ossos são empregados aqui de maneira figurada. Eles são órgãos da in-diferença. Por outro lado, o taoísmo não persegue nenhum ideal ascético. Assim, o coração vazio não exclui por princípio a barriga cheia. Em sua resolução e obstinação, a ascese está baseada em muito desejo. Assim, Laozi se distancia também dos ascetas e dos eremitas. O osso recebe uma outra significação figurada no §55. Aqui, o sábio é

---

10 No §55, Laozi se serve de uma imagem bastante drástica para ilustrar uma pura vitalidade sem desejo. Ele fala do membro masculino (*zui*) que se ergue sem qualquer conhecimento acerca da diferença sexual. Por causa da expressão drástica, não é raro que se evite uma tradução direta. O missionário cristão Richard Wilhelm, por exemplo, traduz assim: "Ela (sc. a criança) ainda não sabe nada sobre homens e mulheres e, no entanto, seu sangue se move" (Laozi, *Tao te king. Das Buch vom Sinn und Lebe*. Munique: dtv, p. 67)

comparado a uma criança recém-nascida, cujos ossos são "fracos" (*ruo*, 弱) e cujos músculos são "macios" (*rou*, 柔). A fraqueza dos ossos e a maciez dos músculos são opostos à estabilidade da essência, na qual esta resiste e faz frente ao outro. Possivelmente, Laozi teria dito até mesmo que o sábio não tem ossos, como a água.

No §12, a barriga também figura como um órgão do não desejar e do não distinguir: "as cinco cores tornam o olho humano cego. As cinco notas tornam o ouvido humano surdo. Os cinco sabores tornam o paladar humano insensível. Por isso, o sábio zela pela barriga" (L. §12). Essa exigência de Laozi lembra a máxima provocativa do mestre zen Linji: "quando vem a fome, como arroz, quando vem o sono, fecho os olhos. Imbecis riem de mim, mas o sábio compreende"[11]. No *Shôbôgenzô*, Dogen também diz: "a vida cotidiana do Buda e dos patriarcas não consiste em nada além de beber chá e comer arroz"[12].

---

11 Linji Yixuan, *Das Denken ist ein Wilder Affe: Aufzeichnungen der Lehren und Unterweisungen des großen Zen-Meisters*. Berna; Munique; Viena: O. W. Barth, 1996, p. 160.

12 Dogen, *Shôbôgenzô [Master Dogen's Shobogenzo]*. Livro 3. Londres: Windbell, 1997, p. 226.

O ser – e, pelo menos nisso, Laozi estaria de acordo com Leibniz – é *mais extenuante* que o não ser Quem se extenua e se esfalfa permanece no ser. O não ser, enquanto sutileza e maravilha supremas *(miao,* 妙*)*, só se revela no "não esforço" *(bu quin,* 不勤, L. §6). O vazio *xu* (虛), enquanto ausência, torna o alguém em ninguém. *Ninguém brilha por sua ausência*. Zhuang Zhou emprega não somente *xu*, mas também *kong* (空) para nomear a ausência esvaziante: "Guang Yau (literalmente, "brilho de luz") perguntou a Wu Yu (literalmente, "não ser"): 'mestre, sois ou não sois?' Brilho de Luz não obteve resposta e ficou olhando fixamente para a figura do Não Ser. Mas nela só havia o profundo vazio (*kong*). Ele passou o dia inteiro olhando-o sem vê-lo. Ele o escutava sem ouvi-lo. Ele estendia a mão em sua direção sem apanhá-lo. Então, Brilho de Luz disse: 'este é o supremo. Quem é capaz de alcançá-lo?'"[13]. É o desejo, a apetição, que transforma uma pessoa em *alguém*. Quem é *alguém* em sentido forte não

---

13 Zhuang Zhou, *Das wahre Buch vom südlichen Blütenland*. Düsseldorf: Diederichs, 1969, p. 232.

tem acesso ao caminhar. Alguém *habita*. Somente quem se esvazia até tornar-se ninguém é capaz de caminhar. O caminhante não tem eu, não tem si, não tem nome. Assim, ele se esquece de si mesmo (*wang ji*, 忘己, Z. Livro 12). Ele não deseja nada (*wu yu*, 無欲, L. §37) e não se aferra a nada (*wu zhi*, 無執, L. §37). É por isso que ele não deixa *rastros*. É somente no ser que se formam rastros enquanto decalques do desejo e do aferramento. Mas o sábio não toca o ser.

O vazio taoísta *xu* enquanto *ausência* não permite uma interpretação puramente funcional. Ele também eleva o pensamento para além do cálculo funcional. No livro 15, Zhuang Zhou nota: "quietude, serenidade, ausencialidade, vazio e inação: eis o equilíbrio entre o céu e a terra" (*tian dan ji mo, xu wu wu wei, ci tian di zhi ping*, 恬淡寂漠 虛無無為 此天地之平). O vazio *xu*, na expressão *xu wu* (虛無), não possui significado funcional. Para ilustrar o vazio, o nada e a inação, Laozi e Zhuang Zhou até chegam a utilizar exemplos que permitem uma interpretação funcional do vazio e do nada[14]. Mas a ideia de eficácia não representa a essência do vazio. No entanto, François Jullien a interpreta quase que exclusivamente a partir da perspectiva funcional:

> despojado de todo misticismo (uma vez que não possui orientação metafísica), o célebre retorno ao vazio de Laozi é uma exigência de dissolver os bloqueios aos quais o real está sujeito assim que não encontra mais nenhuma lacuna e fica saturado. Quando tudo está preenchido, não há mais espaço de ação. Quando todo vazio é abolido, destrói-se também a margem que permitia o livre desdobramento dos efeitos[15].

À primeira vista, a história do aleijado de aparência assustadora, que não precisa ir para a guerra em razão de sua deficiência e recebe abundante auxílio do Estado, parece conformar-se à ideia de eficácia. De fato, a

---

14 Os exemplos mais conhecidos são a roda e o vaso: "trinta raios rodeiam o cubo da roda: a utilidade da carroça consiste em seu nada (*wu*, e não *xu*). Molda-se a argila para transformá-la em vasos: a utilidade dos vasos consiste em seu nada. Cava-se portas e janelas para que haja um aposento: a utilidade do aposento consiste em seu nada. Por isso: o que é serve à posse. O que não é serve à utilidade" (L. §11).

15 Jullien, F. Über die Wirksamkeit. Berlim: Merve, 1999, p. 155.

anedota do cozinheiro que trincha o animal com tanta facilidade porque, em vez de cortar resolutamente, passa a faca pelas cavidades já presentes nas juntas, também possui um aspecto funcional. Basta-lhe um mínimo esforço para que as partes do animal se soltem como que por si sós. Segundo a interpretação funcional da inação, ela aumenta a eficácia de uma ação. A história da árvore nodosa, que atinge uma idade muito avançada por causa de sua inutilidade, também permite uma interpretação utilitarista, pois a ausência de utilidade acaba fornecendo uma utilidade. Mas o *fato de* tantos aleijados e tantas coisas inúteis povoarem as histórias de Zhuang Zhou conduz a própria funcionalidade ao vazio e eleva o pensamento para além do plano da eficácia. Os pernetas, os corcundas, os deformados e as pessoas sem dedos e pés de Zhuang Zhou aparecem precisamente contra a preocupação com a utilidade e a eficácia. Tanto Laozi quanto Zhuang Zhou se opõem energicamente a qualquer vontade de produzir efeitos. À primeira vista, os §§68 e 69 de Laozi também parecem tratar da eficácia da inação. Por exemplo, no §68, ele diz: "quem é bom em derrotar os inimigos não luta com eles". François Jullien interpreta essa sentença de maneira puramente estratégica. Em vez de forçar o efeito através de um grande dispêndio de energia, o sábio apenas deixa que ele aconteça. Ele pode "utilizar a energia dos outros sem esforços"[16]. Jullien também submete o §69 a uma interpretação puramente funcional:

> Laozi também aplica esse princípio ao âmbito da estratégia: um bom líder militar não é "belicoso", isto é, como interpreta o comentador (Wang bi, §69), ele não se põe em perigo e não ataca. Em outras palavras, "quem está em condições de derrotar o inimigo não inicia nenhum combate com ele".

O bom líder militar apenas cuida para que o inimigo não possa encontrar nenhum caminho de ataque. Exerce-se pressão sobre o oponente, mas "sem que ela se concretize totalmente". O sábio estrategista se preocupa apenas em não oferecer nada de tangível ao inimigo:

> em Laozi, isso é clarificado por meio de uma série de formulações paradoxais [...]:

---

16 Ibid., p. 160.

"partir em uma expedição sem que haja uma expedição", ou "arregaçar as mangas sem que haja braços", ou "lançar-se à luta sem que haja um inimigo", ou "segurar firmemente sem ter armas" (§69)[17].

É interessante que Jullien não inclua em sua interpretação a última e decisiva frase do §69. A frase é: "o enlutado vence" (*ai zhe sheng*, 哀者勝). Essa frase final de Laozi é muito surpreendente. Ela quase obriga a uma interpretação inteiramente distinta desse parágrafo. De fato, o "luto" (*ai*, 哀) não faz parte da liderança militar, tampouco da estratégia militar de Sun Tzu, que está convicto da eficácia dos desvios e dos meios indiretos. A vitória de que se fala aqui não é uma vitória real que se deva a determinada estratégia militar. Antes, trata-se de uma vitória que está acima da *distinção* entre "vitória" e "derrota". Laozi emprega o símbolo *ai*, "luto", exatamente duas vezes. O segundo emprego aparece no §31. É interessante que esse parágrafo trate igualmente da guerra. Mas Jullien não menciona esse parágrafo, o que é facilmente explicável. Pois, nele, Laozi condena

---

17 Jullien, F. *Über die Wirksamkeit*. Berlim: Merve, 1999, p. 232.

todo uso de armas, e não porque o sábio líder militar também deve ser capaz de vencer o inimigo sem armas, mas por pura benevolência. Em infortúnios e funerais, o lugar de honra é à esquerda. Quem venceu na batalha deve ficar à esquerda. O vencedor deve ocupar seu lugar de acordo com os ritos funerários (*ai li*, 哀禮). Ele deve "lamentar" (*bei*, 悲), "ficar de luto" (*ai*, 哀) e "chorar" (*qi*, 泣)[18]!

Tanto o pensamento taoísta quanto o budista desconfiam de todo fechamento substancial que subsista, se conclua e persista em si. Em relação à ausência que deve ser compreendida ativamente e que opera esvaziando e dessubstancializando, o vazio budista *kong* (空) é muito próximo do vazio taoísta *xu* (虛). Ambos tornam o coração *ausente*, esvaziam o eu até ele tornar-se um não eu, um ninguém, um "sem nome". Esse *xu* do *coração* se furta à interpretação funcional. Com o *xu*, Zhuang Zhou exprime acima de tudo o ser não exigente, a ausência. A figura do espelho também remete à ausência. O espelho vazio de Zhuang Zhou di-

---

18 O próprio fato de Jullien focar tanto no efeito e na eficácia talvez tenha uma origem "europeia".

fere radicalmente do espelho *animado* de Leibniz. De fato, ele não possui interioridade exigente nem "apetição". Ele não deseja nada, não se agarra a nada. Ele é vazio e ausente. Assim, deixa as coisas que nele se refletem chegarem e partirem. Ele não *precede*, mas *acompanha*.

> O ser humano mais elevado utiliza seu coração como um espelho. Ele não persegue as coisas nem vai em direção a elas: ele as reflete, mas não as segura. [...] ele não é senhor (zhu, 主) do conhecimento. Ele se atenta aos mínimos detalhes e, no entanto, é inesgotável e reside além do eu. Ele aceita todas as coisas que o céu oferece, mas ele as tem como se nada tivesse[19].

No livro 13, Zhuang Zhou também utiliza a metáfora do espelho:

> as coisas do mundo não são capazes de perturbar seu coração, por isso ele é calmo. Se a água estiver calma, ela reflete claramente cada fio de cabelo. [...] Portanto, se a água parada é clara, que dirá o espírito! O coração daquele que é chamado é calmo. Por isso ele é o espelho do céu e da terra[20].

---

19 Zhuang Zhou. *Das wahre Buch vom südlichen Blütenland*. Düsseldorf: Diederichs, 1969, p. 99.

20 Ibid., p. 145.

O zen-budismo também gosta de se valer da figura do espelho. Ele ilustra a não retenção do "coração vazio" (*wu xin*, 無心):

> o espelho [...] permanece como ele é, vazio em si [...]. Assim é o espelho de Huineng e também o de Hsua-feng. [...] Mas que reflexo! E o que é que se reflete neles? Ali estão o céu e a terra, elevam-se as montanhas e correm as águas, verdeja a grama e brotam as árvores. E, na primavera, as flores coloridas se abrem de centenas de maneiras. [...] Será que em tudo isso há um propósito, um sentido que se possa conceber? Ou será que tudo isso não está simplesmente aí? [...] Mas apenas o puro espelho que é vazio em si mesmo. Somente quem reconheceu a nulidade do mundo e de si mesmo também vê nele a eterna beleza[21].

---

21 Biyan lu. *Meister Yüan-wu's Niederschrift von der Smaragdenen Felswand*. Vol. 1. Munique: Carl Hanser, 1964, p. 145. Aqui, François Jullien também busca manter o budismo afastado do pensamento chinês. Segundo ele, em Zhuang Zhou, o espelho escapa ao "uso místico" e é compreendido "de um modo inteiramente diverso": "a força do espelho consiste no fato de que ele recebe, mas não retém, reflete todas as coisas que se apresentam a ele, deixando-as passar por ele sem se prender a elas. Ele não rejeita nem quer conservar, ele deixa que as coisas se manifestem e desapareçam nele sem jamais fixá-las" (Jullien, F. *Sein Leben nähren*. Berlim: Merve, 2006, p. 156). Ora, essa descrição do espelho taoísta é perfeitamente adequada para caracterizar aquele espelho que, no zen-budismo, é usado para ilustrar o "coração vazio" (*wu xin*). Jullien não explica em

O espelho vazio repousa sobre a ausência do eu desejante, sobre um coração *em jejum*. Ao contrário, Fichte, esse filósofo do eu e do estado-de-ação, despreza o coração vazio:

> o sistema da liberdade satisfaz meu coração, o sistema oposto o mata e aniquila. Ficar frio e morto, apenas observando a mudança dos acontecimentos, um espelho inerte das figuras que passam e escapam – essa existência me é insuportável, eu a desprezo e a execro. Quero amar, perder-me na simpatia, alegrar-me e entristecer-me. Para mim, o objeto supremo dessa simpatia sou eu mesmo [...][22].

Originalmente, a palavra alemã para "sentido", *Sinn* (do alto-alemão médio, *sin*), também significava "passeio", "viagem" e "caminho". Mas o sentido está associado a uma direção determinada, a um objetivo determinado. Por exemplo, a expressão "sentido horário" indica

---

que medida o zen-budismo é "místico" nem em que medida está mais próximo da tradição da mística ocidental do que o taoísmo. Lembremo-nos da célebre passagem do mestre zen Linji: "quando vem a fome, como arroz, quando vem o sono, fecho os olhos. Imbecis riem de mim, mas o sábio compreende". Assim, o sábio zen-budista também zela pela "barriga". A "barriga" não é um órgão para a "mística".

22 Fichte, J. G. *Die Bestimmung des Menschen*. Hamburgo: Meiner, 1979, p. 32.

sua direcionalidade. O termo francês *sens* ainda tem o significado de direção ou lado. Ao contrário, o caminhar no não ser é "sem direção" e, portanto, sem sentido ou esvaziado de sentido. É precisamente essa liberdade em relação ao sentido, à direção, ao objetivo e à meta, esse particular vazio de sentido que torna possível uma liberdade superior e até mesmo o *ser*. A harmonia com o todo sem direção nem limites, com esse estado anterior à posição de uma diferença, produz uma "felicidade celestial" (*tian le*, 天樂, Z. Livro 13), uma "felicidade suprema" (*zhi le*, 至樂, Z. Livro 18). Por outro lado, a sorte (*fu*, 福) repousa sobre uma diferença ou preferência, sobre uma percepção parcial. Quem aspira à sorte acaba se entregando ao azar. Portanto, não se deve "almejar a sorte nem provocar o azar" (*bu wei fu xian, bu wei huo shi*, 不為福先 不為禍始, Z. Livro 15). A ausência de *sentido* não conduz ao niilismo, mas a uma felicidade celestial com o *ser* que não tem direção nem rastro.

A doutrina da "felicidade suprema" de Zhuang Zhou é diametralmente oposta à doutrina kantiana da felicidade. Em sua antropologia, Kant observa que "preencher o tempo com ocupações que progridem segundo um plano, tendo como resultado um grande fim proposto" é "o único meio seguro de se tornar feliz com a própria vida e, ao mesmo tempo, também saciado dela"[23]. Kant compara a vida a uma jornada. A abundância de objetos percebidos durante uma jornada ocasiona na memória a "inferência [...] de que se percorreu um grande espaço e, por conseguinte, também a inferência de um tempo mais longo exigido para isso". Por outro lado, o "vazio", isto é, a ausência de objetos perceptíveis, engendra retrospectivamente o sentimento de um tempo mais curto. Assim, o vazio encurta subjetivamente a vida. Para se saciar e se deleitar com a vida, seria preciso que nenhum período da vida fosse "vazio". Somente uma vida cheia de ações orientadas a um objetivo torna alguém feliz e saciado com a vida. O sentido é um objetivo. Ser é agir. Ao contrário, Laozi e Zhuang Zhou estão convencidos de que um projeto de existência e um mundo inteiramente distintos são possíveis. Eles opõem

---

23 Kant, I. *Antropologia de um ponto de vista pragmático*. São Paulo: Iluminuras, 2006, p. 131.

àquela vida compreendida de modo linear, teleológico e até mesmo vetorial um caminhar sem direção, ateleológico. Esse projeto de existência prescinde de sentido e objetivo, de teleologia e narração, de transcendência e de Deus. O vazio de sentido ou a ausência de objetivo não é uma privação, mas um ganho de liberdade, um *mais com menos*. É somente cessando de ir *em direção a* que se torna possível *ir*. O mundo, com cujo curso *natural* o ser humano deve se resignar, não é *narrativamente* estruturado. Por isso ele também é resistente à crise do sentido, que é sempre uma crise narrativa. Ele não conta nem narrativas "grandes" nem "pequenas". Ele não é um *mito*, mas *natureza* em um sentido particular. É justamente por isso que ele é *grande*. Ao contrário, toda narrativa é *pequena*. De fato, ela se baseia em uma *distinção* que exclui uma coisa em benefício de outra. A narração que institui um sentido se deve a uma seleção e a uma exclusão massivas, ou mesmo a uma *diminuição* do mundo. O mundo é impelido a uma trajetória narrativa estreita e reduzido. Assim, Zhuang Zhou ensina a se conectar ao mundo *inteiro*, a ser *tão grande* quanto o mundo, a elevar-se a um mundo amplo em vez de se agarrar a uma pequena narrativa e a uma distinção. É por isso que suas histórias maravilhosas são frequentemente povoadas de figuras gigantescas. A primeira anedota já conta a história de um peixe gigante chamado Kun e de um pássaro gigante chamado Peng:

> No norte desprovido de árvores, encontra-se um mar de profundezas insondáveis: o Mar Celestial. Lá vive um peixe que tem milhares de milhas de largura e ninguém sabe o quão longo ele é. [...] Lá há também um pássaro. [...] Seu dorso se assemelha à Grande Montanha, suas asas pendem como nuvens do céu. Em meio a um redemoinho, ele sobe em círculos, indo a muitas milhas de distância, até onde as nuvens e o ar terminam, e ele fica apenas com o céu azul-escuro acima de si. Então, ele parte para o sul e voa em direção ao oceano do sul[24].

Kun e Peng são tão gigantescos que não combinam com coisas pequenas, elevando-se acima de qualquer seleção e distinção excludentes. Eles não ligam para coisas pequenas.

---

24 Zhuang Zhou. *Das wahre Buch vom südlichen Blütenland*. Düsseldorf: Diederichs, 1969, p. 29.

São *grandes demais* para isso. Zhuang Zhou propositalmente lança mão do sobredimensionamento e do exagero para suspender a distinção e atingir uma *desdiferenciação* e uma *dissolução dos limites*.

Quem não está ligado a nenhuma coisa e a nenhum lugar determinados, quem caminha e não habita em parte alguma está acima de qualquer perda. Quem não possui nada de determinado também não perde nada:

> Se um barco está escondido no lodo, se uma montanha está escondida no fundo do mar, pensa-se que estão seguros; mas à meia-noite vem alguém forte, carrega-os às costas e parte, enquanto o [proprietário] dorme e não percebe nada disso. Um grande espaço é adequado para esconder uma coisa pequena, mas existe a possibilidade de que ela se perca; mas, se o mundo estiver escondido dentro do mundo[25], ele não pode se perder[26].

---

25 A expressão "o mundo escondido dentro do mundo" (*zan tian xia yu tian xia,* 掌天下於天下) é uma tradução literal, que prefiro à tradução de Richard Wilhelm, "o (espírito) do mundo escondido dentro do mundo". Não se trata de "espírito" aqui.

26 Zhuang Zhou. *Das wahre Buch vom südlichen Blütenland*. Düsseldorf: Diederichs, 1969, p. 87.

Aqui, Zhuang Zhou tematiza uma relação particular com o mundo. Exige-se que o ser-*no*-mundo dissolva suas fronteiras e se torne um ser-*mundo*, desdiferenciando-se. O ser humano – ou, para falar como Heidegger, o *Dasein* – está em *ocupação* na medida em que é *menor* que o mundo e *se distingue* no interior do mundo. Para des*ocupar-se*, ele deve ser *o mundo* inteiro e *se* desdiferenciar no mundo em vez de se apegar a um conteúdo determinado do mundo, a uma distinção. Ser-*no*-mundo é ocupação. Ao contrário, ser-*mundo* é ser sem ocupação.

Como se sabe, o pensamento pós-moderno também se volta contra a ideia de substância e identidade. Tanto a "*différance*" de Derrida quanto o "rizoma" de Deleuze questionam radicalmente a clausura e o fechamento substanciais, revelando-os como construtos imaginários. Sua negatividade os aproxima da ausência ou do vazio. Mas a representação de uma *totalidade mundana*, do *peso do mundo* é estranha a eles, assim como ao pensamento pós-moderno como um todo, ao passo que ela é constitutiva do pensamento do Extremo Oriente. Em última análise, o vazio ou a ausencialidade produzem um efeito de coleta e reunião, enquanto a *différance* ou o rizoma geram um intenso efeito de dispersão. Eles dispersam a identidade e forçam a diversidade. Eles não se ocupam com a totalidade, com sua harmonia e acordo. O pensamento do vazio do Extremo Oriente deixa para trás a desconstrução a fim de atingir uma reconstrução particular.

O pensamento do Extremo Oriente se volta inteiramente à imanência. O *dao* não representa uma entidade monumental, sobrenatural ou suprassensível, que só se poderia dizer negativamente, como na teologia negativa, e que escaparia da imanência em benefício da transcendência. O *dao* se funde inteiramente à imanência do mundo, ao "assim-é" das coisas, ao aqui e agora. No imaginário do Extremo Oriente, não há nada fora da imanência do mundo. Se o *dao* escapa à definição e à nomeação, não é porque ele é *alto demais*, mas porque ele *flui*, porque ele *meandra*, por assim dizer. Ele designa a incessante mudança das coisas, a processualidade do mundo. O caminhante não deixa rastros porque acompanha o caminhar das coisas. O *dao* tampouco é "senhor" das coisas, "sujeito" (*zhu*, 主, L. §34). Ele tampouco se retrai em um mistério. Ele é caracterizado pela imanência e pela evidência natural do "assim-é". Assim, Laozi sublinha que suas palavras são "muito fáceis de compreender" (*shen yi zhi*, 甚易知) e "muito fáceis de praticar" (*shen yi xing*, 甚易行, L. §70).

O fato de o caminhante não deixar rastros também tem um significado temporal. Ele não insiste nem persiste. Antes, ele existe na atualidade. Uma vez que caminha "sem direção", ele não segue o tempo linear ou um tempo histórico que se estende ao passado e ao futuro. A ocupação, que Heidegger eleva a traço fundamental da existência humana, está ligada precisamente a esse tempo estendido, isto é, histórico. O caminhante não existe historicamente. Assim, "ele não se ocupa" (*bu si lu*, 不思盧) e "não faz planos nem traça estratégias" (*bu yu mou*, 不豫謀, Z. Livro 15). O sábio não existe nem retrospectiva nem prospectivamente. Ao contrário, ele vive presentemente. Ele *habita* em *cada* presente, mas o presente não tem a agudeza e a resolução do instante. Mais uma vez, o instante está ligado à ênfase e à resolução do agir. O sábio existe situacionalmente. Mas o situacional se distingue da "situação" heideggeriana. Esta repousa sobre a resolução da ação e do instante. Na "situação", o *Dasein* se apropria resolutamente *de si mesmo*. Ela é o instante supremo da *presença*. O caminhante habita em cada presente, mas não *permanece*, pois a permanência possui uma referência aos objetos forte demais. O caminhante não deixa rastros precisamente porque habita sem *permanecer*.

A célebre história do "sonho da borboleta", de Zhuang Zhou, é inteiramente permeada por uma atmosfera de ausência. Ele tem em mente uma forma de existência à qual falta toda solidez determinidade, resolução exigente e peremptoriedade. Ela ilustra uma existência sem "ocupação":

> Uma vez, Zhuang Zhou sonhou que era uma borboleta, uma borboleta esvoaçante que se sentia bem e feliz e nada sabia de Zhuang Zhou. Ele acordou subitamente: eis que voltara a ser efetiva e verdadeiramente Zhuang Zhou.

> Agora não sei se Zhuang Zhou sonhou que era uma borboleta ou se a borboleta sonhou que era Zhuang Zhou […][27].

Esquecendo-se de si mesmo, Zhuang Zhou flutua entre si mesmo e o outro. Ele se abandona a uma particular indiferença. Essa flutuação se opõe à estabilidade que representa o traço fundamental da essência. A estabilidade possibilita que alguém habite em si, resista ao outro aderindo a si, distinguindo-se, assim, do outro. Ao contrário, a ausência reveste a existência com algo de onírico e flutuante, porque não permite que as coisas assumam um contorno unívoco e definitivo, isto é, substancial. Contra o conceito de indivíduo, isto é, do indivisível, Zhuang Zhou diria que ele é infinitamente divisível e mutável. O sonho de Zhuang Zhou é um sonho sem alma, um sonho que não é composto por *rastros*. *Ninguém sonha.* Seu sonho é um *sonho absoluto*, pois o *próprio mundo* é um sonho. Assim, ele é inacessível a qualquer teoria da alma, à psicologia e à psicanálise. Seu sujeito não é nem o "ego" nem o "id". É o próprio mun-

---

27 Zhuang Zhou. *Das wahre Buch vom südlichen Blütenland*. Düsseldorf: Diederichs, 1969, p. 52.

do quem sonha. O mundo é um sonho. A ausência mantém tudo em uma flutuação onírica.

Foi somente sob a influência budista que a cultura chinesa desenvolveu uma profunda receptividade à transitoriedade e fugacidade do ser. Em última análise, o budismo é uma religião da ausencialidade, do desvanecimento e da dispersão, uma religião do "habitar em parte alguma"[28]. A cultura e a arte chinesas da insipidez são absolutamente impensáveis sem o budismo[29]. A sensibilidade para o charme

---

28 Cf. o capítulo "Habitar em parte alguma" em Han, B-C. *Filosofia do zen-budismo*. Petrópolis: Vozes, 2020. [A tradução do capítulo no livro está como "habitar lugar nenhum"]

29 François Jullien pode até manter o budismo afastado da sua China. Mas sua descrição da insipidez chinesa é profundamente budista: "sua estação [*sc.* da insipidez] é o outono já avançado, quando os crisântemos caem sob o toque da geada: as últimas cores do ano desvanecem, e essa obliteração se realiza por si só, como uma simples retirada" (Jullien, F. *Über das Fade – Eine Eloge*. Berlim: Merve, 1999, p. 108). O charme doloroso dos crisântemos caindo, a graça do desaparecimento não é algo muito típico do taoísmo. Jullien chega mesmo a usar termos como "ausência" (*l'absence*) ou "abandono" (*l'abandon*), que não seriam termos "chineses" autóctones de acordo com sua imagem da China: "sempre é outono: com a evocação dessa clareza, a atmosfera vai sendo cada vez mais permeada por uma espécie de ausência, os sinais tangíveis convocam seu próprio abandono" (Jullien, F. *Über das Fade – Eine Eloge*. Berlim: Merve, 1999, p. 137ss.).

doloroso da transitoriedade anima a estética chinesa da insipidez. Os poetas da insipidez cantam sobretudo o delicado brilho do transitório. Assim, o monge errante japonês Bashō começa seu diário de viagem com as palavras do poeta chinês Li Bai[30].

> O céu e a terra – o cosmo inteiro – são apenas uma estalagem que hospeda todos os seres juntos.
>
> O sol e a lua são apenas hóspedes nela, hóspedes de passagem em tempos eternos.
>
> A vida, nesse mundo fugaz, é qual um sonho.
>
> Quem sabe quantas vezes ainda vamos rir? Por isso nossos ancestrais acendiam velas para louvar a noite…[31]

A ausência não permite que se tome partidos. Qualquer preferência por um lado já seria uma desvantagem para o outro. Uma inclinação implica uma aversão. Assim, deve-se "abraçar todas as coisas igualmente" (*jian huai wan wu*, 兼懷萬物, Z. Livro 17) sem

---

30 Li Bai, como muitos poetas da insipidez, é da época da dinastia Tang, que foi uma idade de ouro do budismo.

31 Bashō, M. *Auf schmalen Pfaden durchs Hinterland*. Mainz: Dieterich, 1985, p. 42.

qualquer predileção. Tanto o amor quanto a amizade pressupõem uma distinção e uma tomada de partido. Eles se baseiam na *apetição*. Assim, o sábio não "ama" os seres humanos (*bu wei ai ren*, 不為愛人) e não cultiva "amizades" (*qin*, 親, Z. Livro 6). O amor insiste. E a amizade cria vínculos. No entanto, o sábio não é totalmente desprendido. A apatia pressupõe novamente um sujeito de interesse fechado para o qual o mundo se tornou indiferente. A ausência esvazia o amor e a amizade não para transformá-los em indiferença, mas para transformá-los em uma *cordialidade* sem limites que consiste em abraçar tudo igualmente e sem tomar partido.

O conto de Kafka "A preocupação do pai de família" pode ser lido como uma daquelas histórias maravilhosas de Zhuang Zhou. O "ser que se chama Odradek" é, na verdade, uma ausência. Essa curiosa criatura, que tem o aspecto de um carretel de linha em forma de estrela, é tão multiforme que escapa a qualquer definição de essência unívoca. Seu próprio nome já é desprovido de univocidade:

alguns dizem que a palavra Odradek deriva do eslavo e com base nisso procuram demonstrar a formação dela. Outros por sua vez entendem que deriva do alemão, tendo sido apenas influenciada pelo eslavo. Mas a incerteza das duas interpretações permite concluir, sem dúvida com justiça, que nenhuma delas procede, sobretudo porque não se pode descobrir através de nenhuma um sentido para a palavra[32].

Além disso, Odradek é composto por partes multicoloridas que parecem ser essencialmente diferentes entre si. Ao contrário, como se sabe, a mônada leibniziana enquanto "substância simples" (*substance simple*) é "sem partes" (*sans parties*). Ela é, tal como o belo de Platão, "uniforme" (*monoeides*). Nessa medida, Odradek é uma au-sência, ou melhor, uma in-essência, já que é composto por partes as mais heterogêneas. Sua aparência é extremamente híbrida, como se zombasse da univocidade da essência:

---

32 Kafka, F. "A preocupação do pai de família". In: *Um médico rural. Pequenas narrativas*. São Paulo: Brasiliense, 1994, p. 41.

à primeira vista ele tem o aspecto de um carretel de linha achatado e em forma de estrela, e com efeito parece também revestido de fios; de qualquer modo devem ser só pedaços de linha rebentados, velhos, atados uns aos outros, além de emaranhados e de tipo e cor os mais diversos. Não é contudo apenas um carretel, pois do centro da estrela sai uma varetinha e nela se encaixa depois uma outra, em ângulo reto. Com a ajuda desta última vareta de um lado e de um dos raios da estrela do outro, o conjunto é capaz de permanecer em pé como se estivesse sobre duas pernas[33].

Até mesmo seu aspecto "diminuto" provoca a impressão de sua ausência. Por conta de seu aspecto "diminuto", ele escapa a qualquer captura. Ele é "extraordinariamente móvel e não se deixa capturar". Falta-lhe por completo a solidez da essência. Sua extrema mobilidade se opõem à persistência da essência. Ele também parece ausente porque frequentemente se retira ao silêncio. Ele ri eventualmente. Mas sua risada soa estranhamente incorpórea e vazia. Isso reforça a impressão de ausência:

---

33 Ibid.

"[...] mas é um riso como só se pode emitir sem pulmões. Soa talvez como o farfalhar de folhas caídas"[34].

Odradek pode facilmente se juntar ao círculo dos corcundas, dos pernetas, das pessoas sem pés e dedos dos pés e de outras figuras maravilhosas e inúteis que povoam as anedotas de Zhuang Zhou. A árvore nodosa de Zhuang Zhou atinge uma idade muito avançada por ser inútil. Odradek também parece estar acima de qualquer utilidade: "será que pode morrer? Tudo o que morre teve antes uma espécie de meta, um tipo de atividade e nela se desgastou; não é assim com Odradek"[35]. Odradek também é ausente na medida em que nunca permanece em um só lugar. Ele não habita em parte alguma. Ele é uma contrafigura da interioridade da casa. Quando lhe perguntam "onde você mora?", ele costuma responder: "domicílio incerto". Mesmo quando se encontra em uma casa, ele fica na maior parte das vezes em espaços *desinteriorizados,* como o

---

34 Ibid., p. 42.

35 Ibid.

"vestíbulo", a "escadaria", os "corredores" ou o "sótão". Assim, ele não está totalmente em casa, *em seu lar*. Ele claramente evita lugares *fechados*. E com frequência está simplesmente *ausente*. Ele fica "meses sem ser visto". Mas essa ausência e essa não habitação inquietam o "pai de família" que mantém a casa. A "preocupação do pai de família" diz respeito à ausência de Odradek. Ou melhor, o pai é *a preocupação*. Odradek, que não tem preocupação, é sua contrafigura. No entanto, não se pode ignorar que, no fim das contas, Odradek não é uma invenção de Zhuang Zhou, pois, apesar das longas ausências que causam tanta preocupação no pai de família, Odradek "volta infalivelmente à nossa casa", como diz Kafka.

Fechado e aberto
Espaços da ausência

> *Lá os números das casas são trocados diariamente para que ninguém ache o caminho de casa.*
> Elias Canetti

No Extremo Oriente, tem-se também a experiência visual de que as coisas se fundem mais intensamente do que no Ocidente. Nas estreitas ruas comerciais, nem sempre é claro onde termina uma loja e onde começa a próxima. Muitas vezes elas se sobrepõem. No mercado coreano, vemos lulas secas ao lado das panelas. Batons e amendoins ficam lado a lado. Saias ficam penduradas em cima dos bolos de arroz. O emaranhado de postes de eletricidade, fios e painéis publicitários coloridos, típico das grandes cidades japonesas, não permite uma separação clara dos espaços. As antigas casas de madeira nas vielas japonesas (*roji*) parecem muito intricadas. Não é fácil discernir onde termina uma casa e onde começa a próxima. Essa espacialidade da in-diferença lembra um ditado zen: "a neve repousa sobre as panículas dos caniços à beira-d'água; é difícil distinguir onde estes começam e onde aquela termina"[36]. É difícil distinguir entre o branco das flores dos caniços e o branco da neve sobre elas. Essência é diferença.

---

36 Biyan lu. *Meister Yüan-wu's Niederschrift von der Smaragdenen Felswand*. Vol. 1. Munique: Carl Hanser, 1964, p. 251.

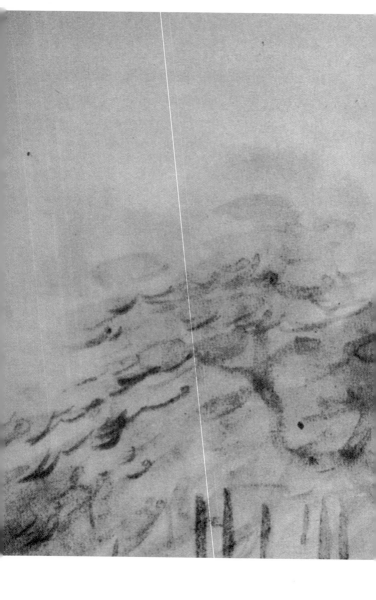

Fig 1: Paisagem flutuante

Assim, ela bloqueia as transições fluidas. Ausência é in-diferença. Ela fluidica e dissolve os limites. Aquela paisagem fluvial coberta de neve é uma *paisagem da ausência*. Nada se impõe. Nada se demarca das outras coisas. Tudo parece recuar até uma in-diferença.

No Ocidente, é raro haver transições fluidas. A presença massiva de limites e demarcações gera uma sensação de estreiteza. Ao contrário, apesar da multidão de pessoas e da aglomeração de residências, as grandes cidades do Extremo Oriente parecem cidades do vazio e da ausência.

O olhar *ausente* já tem um efeito de esvaziamento. Transições fluidas geram lugares de ausência e vazio. A essência fecha e exclui. Ao contrário, a ausência torna o espaço mais permeável, ampliando-o. Um espaço dá espaço para um outro espaço. Um espaço se abre a outros espaços. E não chega a um fechamento definitivo[37]. O espaço do vazio, o espaço

---

37 Tampouco o pensamento chega a um fechamento definitivo. É inerente ao pensamento do Extremo Oriente uma consciência da in-diferença. Ele tem horror a cortes precisos. Evita-se tudo o que tem um caráter definitivo e incondicio-

desinteriorizado, é composto por transições e interstícios. Assim, em plena multidão das grandes cidades do Extremo Oriente, há um vazio benéfico, uma *multidão do vazio*.

A in-diferença também promove uma intensa coexistência do que é diferente. Ela gera um máximo de coesão com um mínimo de conexão orgânica e organizada. A articulação sintética dá lugar a um *continuum sindético* da proximidade. Aqui, as coisas não se associam em uma unidade. Elas não são *membros* de uma totalidade orgânica. Por isso elas parecem *amigáveis*. Os membros de uma associação não são uma *vizinhança amigável*. Não há necessidade de *diálogo* para mediar ou reconciliar as coisas. Elas não têm muito a ver umas com as outras. Ao contrário, elas se esvaziam em uma proximidade in-diferente.

A cultura ocidental está determinada a buscar a clausura e o fechamento. É interessante que essa resolução se reflita não somente

---

nal. Em vez de petrificá-la em uma contrariedade dicotômica, busca-se, antes, manter a diferença em uma flutuação. A falta do caráter definitivo torna o pensamento amigável.

na figura metafísica da substância, mas também na arquitetura ocidental. Assim, a alma monádica sem janelas leibniziana encontra seu correspondente naquela forma fundamental da arquitetura romântica que Hegel designa como "o edifício *inteiramente fechado*"[38]. O belo atinge sua perfeição na arte clássica. Mas, segundo Hegel, a arte romântica exprime algo superior à arte clássica, pois é uma arte da interioridade. Ao contrário da beleza clássica, que simplesmente irradia para fora, uma obra de arte romântica irradia um brilho interior, um brilho da interioridade.

---

38 Hegel, G. W. F. *Cursos de estética*. Volume III. São Paulo: Edusp, 2002, p. 86.

Fig 2: Cidade sem limiares

Essa interioridade romântica se desdobra em um "edifício *inteiramente fechado*", em uma "envoltura total", na qual o exterior é inteiramente eliminado. Segundo Hegel, a religião cristã é uma religião da interioridade. Daí que seu correspondente exterior seja a casa de Deus *inteiramente fechada*:

> como de fato o espírito cristão se retrai na interioridade, a construção se torna o local delimitado por todos os lados para a congregação da comunidade cristã e o recolhimento interior dela. É o recolhimento do ânimo em si mesmo que se encerra espacialmente[39].

O próprio portal da casa de Deus já inicia a interiorização ao estreitar-se para dentro. Esse "estreitamento perspectívico" anuncia "que o exterior deve encolher-se, tornar-se estreito, desaparecer"[40]. As arcadas, que estão parcialmente dentro e parcialmente fora, são transferidas para dentro da construção. Assim, elas formam um exterior interiorizado, *interior*. Nem a luz natural pode brilhar

---

39 Ibid., p. 86-87.

40 Ibid., p. 93.

diretamente dentro do espaço interno, pois ela perturba o recolhimento interior. Assim, ela é "detida ou brilha apenas obscuramente através dos vitrais das janelas, as quais são necessárias por causa da separação completa do exterior"[41]. A luz exterior e natural é detida. O exterior como um todo deve ser descartado em benefício da interioridade. Ele distrai, comprometendo, assim, o recolhimento interior. A casa de Deus inteiramente fechada só pode ser preenchida por uma luz puramente interior, uma luz divina e puramente espiritual. Aqui, as janelas não são propriamente aberturas, pois servem a uma "separação completa do exterior". Como enfatiza Hegel, elas são "apenas parcialmente transparentes". Ao isolar a luz, elas conferem ao espaço uma interioridade. Além disso, os vidros das janelas não são *vazios*. Ao contrário, eles são pintados, isto é, *saturados* de significados. Os vitrais, que muitas vezes representam a história da salvação, impregnam a luz de uma *significância*, intensificando ainda mais a interioridade e a plenitude do espaço.

---

41 Ibid., p. 87.

O templo budista não é uma casa *inteiramente aberta*. Inteiramente aberto seria aquele templo grego, com seus corredores e salões abertos representando uma *passagem* do divino, do vento divino[42]. Mas essa abertura faz com que ele fique *exposto*. O templo budista não é inteiramente fechado nem inteiramente aberto. Seu efeito espacial não é caracterizado nem pela interioridade nem pela exposição. Seus espaços são, antes, *vazios*. O espaço do vazio preserva a in-diferença entre aberto e fechado, dentro e fora. O salão do templo budista mal tem paredes. Suas laterais são constituídas por inúmeras portas translúcidas de papel de arroz. A função do papel não é permitir que a luz penetre "apenas obscuramente" a fim de não comprometer a interioridade do espaço, como na catedral. Ao contrário dos vitrais, o papel não

---

42 Em sua viagem à Grécia, Martin Heidegger escreve: "Na encosta íngreme do promontório, os restos brancos e resplandecentes do templo ficavam sob um vento marítimo vigoroso. Para ele, as poucas colunas em pé serviam como cordas de uma lira invisível, cuja canção o distante deus de Delos fazia ecoar sobre o mundo das ilhas das Cíclades" (Heidegger, M. *Aufenthalte*. Frankfurt am Main: Vittorio Klostermann, 1989, p. 26).

serve para uma "separação completa do exterior". De todo modo, por causa do teto baixo, só uma luz pálida alcança a porta, como se fosse um *reflexo*. Ela já é caracterizada por uma *ausência*. Como uma esponja de luz, o papel branco fosco absorve suavemente a luz já pálida, estagnando-a totalmente, por assim dizer. Surge uma *luz estagnada*. Assim, ela não *ofusca*. Além disso, o teto baixo priva a luz de toda verticalidade. Ao contrário da catedral, a luz não *cai de cima para baixo*. E o papel priva a luz de todo movimento e direcionalidade. Assim, surge um corpo d'água estagnado feito de luz imóvel. Para empregar uma expressão taoísta, essa luz particular é "sem direção". Ela não ilumina nem alumia nada. A luz estagnada, inteiramente indeterminada e tornada in-diferente, não enfatiza a presença das coisas. Ela as mergulha em uma ausência. De fato, o branco é precisamente a cor da in-diferença. O papel branco e vazio se opõe ao vitral colorido. As cores intensificam a presença. A luz branca e fosca funciona como a neve nas margens do rio, que produz uma paisagem de ausência, de in-diferença.

Fig 3: Onde começa o interior?

Essa luz da in-diferença, essa meia-luz, imerge tudo em uma atmosfera de vazio e ausência.

A luz, que se estagna nas portas de correr de papel branco opaco, também distingue a abertura da arquitetura do Extremo Oriente da *transparência* irrestrita da moderna arquitetura de vidro, que lhe dá uma aparência hostil. Aqui, a luz cai no interior de maneira quase agressiva. Essa arquitetura não se deve à abertura do Extremo Oriente, mas à metafísica da luz platônico-plotiniana. A escura caverna de Platão e a ofuscante luz do Sol pertencem à mesma topografia do ser. Ao contrário, a espacialidade do Extremo Oriente se eleva sobre a dicotomia entre o aberto e o fechado, o dentro e o fora, a luz e a sombra, e engendra uma in-diferença, um entre. A superfície plana e cintilante do vidro e do metal é uma propriedade que reforça a presença, opondo-se, então, à contenção e ao comedimento amigáveis do papel de arroz branco fosco. O próprio papel de arroz tem uma materialidade do vazio e da ausência.

Sua superfície não brilha. E ele é tão macio quanto a seda. Se for dobrado, ele mal faz algum barulho, como se fosse um silêncio coagulado em branco fosco.

A verticalidade da luz que cai no interior da catedral é intensificada pela construção vertical das janelas. As janelas superiores da nave e do coro são de grandezas colossais, de modo que o olhar não pode capturá-las de um só golpe. Assim, ele é fortemente conduzido para cima. Essa condução vertical do olhar engendra uma "inquietude do voar para o alto"[43]. Outros elementos arquitetônicos, como a pilastra e o arco ogival, também permitem o surgimento de um sentimento de ascender ou de crescimento: "as pilastras se tornam finas, esbeltas, e se elevam de tal maneira que a visão não pode abarcar de uma só vez toda a Forma, mas é impelida a errar ao seu redor e a voar ao seu cimo até pousar acalmada junto à copagem suavemente inclinada formada pelo encontro dos arcos, tal como o ânimo, em sua devoção,

---

[43] Hegel, G. W. F. *Cursos de estética*. Volume III. São Paulo: Edusp, 2002, p. 91.

se eleva inquieto e, movido do solo da finitude, apenas em Deus encontra repouso"[44]. Hegel opõe esse efeito espacial da construção gótica ao do templo grego, caracterizado pela horizontalidade, pelo peso e pelo suporte: "se, por conseguinte, as edificações da arquitetura clássica se estendem na largura, o caráter romântico oposto das igrejas cristãs consiste no despontar a partir do solo e no crescimento para as alturas"[45]. Nem o ascender nem a horizontalidade ou o peso constituem o efeito espacial de um templo budista. Em seus elementos arquitetônicos, não se pode ler nenhum esforço contra a gravidade, contra o "solo da finitude". E, por conta da própria leveza do material utilizado, tampouco surge a impressão de peso ou de persistência. De resto, o vazio *não tem peso*. E nenhuma presença divina *pesa* sobre o espaço. Apesar de todas as diferenças, o templo grego e a catedral têm a *proeminência* em comum. Ao contrário, nenhum templo budista seria tão proeminente quanto um templo grego. Nem a

---

[44] Ibid., p. 90.

[45] Ibid., p. 87.

posição nem a estabilidade, que seriam os traços fundamentais da essência, representam o caráter espacial de um templo budista. Além disso, os templos budistas do Extremo Oriente frequentemente se encontram em clareiras, cercados e protegidos pelas encostas das montanhas. E eles ficam *à parte*, ao passo que tanto as catedrais quanto os templos gregos conformam e ocupam o *centro*. O templo budista é ausente também nesse sentido.

As linhas retas não podem expressar a interioridade. A interioridade é uma forma de retorno a si. Ela é *curvada*. Assim, ela prefere habitar em curvas e meandros. Espaços quadráticos tampouco são adequados para abrigar a infinita interioridade romântica: "o movimento, a diferenciação, a mediação do ânimo em sua elevação do terreno para o infinito, para o além e o mais elevado, não seriam expressos arquitetonicamente nesta igualdade vazia de um quadrilátero"[46]. Ao contrário das igrejas cristãs, nas construções budistas predominam linhas e formas quadráticas. Assim,

---

46 Ibid., p. 89.

elas impedem a formação da interioridade. E os mosteiros zen e as casas de chá japoneses frequentemente exibem traços assimétricos. A assimetria (*fukinsei*) é um princípio estético do zen-budismo[47]. Ela introduz no espaço uma ruptura. A regularidade simétrica reforça a presença. A assimetria a *rompe*, transformando-a em ausência.

Segundo a fisiognomonia filosófica de Hegel, o olho devia ser rodeado por órbitas elevadas, de modo que a "sombra mais intensa na cavidade dos olhos fornece, por seu lado, ela mesma, a percepção de uma profundidade e de uma interioridade não dispersa"[48]. A "agudeza cortante das órbitas" anuncia a profunda interioridade da alma. Assim, o olho não deve "avançar para a frente" e "se lançar, por assim dizer, para a exterioridade"[49]. Sabe-se que os olhos do Extremo Oriente são achata-

---

47 Cf. Shin-ichi Hisamatsu. "Kunst und Kunstwerk im Zen-Buddhismus". In: Ryôsuke Ohashi (org.), *Die Philosophie der Kyôto-Schule*. Freiburg; Munique: Karl Alber, 1990, p. 236-249.

48 Hegel, G. W. F. *Cursos de estética*. Volume III. São Paulo: Edusp, 2002, p. 133.

49 Ibid., p. 132.

dos. Hegel ligaria isso à falta de interioridade, a saber, àquele espírito infantil que ainda não despertou para a interioridade subjetiva e que, por isso, ainda permanece imerso na natureza. Hegel também aponta para o fato de que, apesar de sua beleza, as figuras divinas dos gregos são "destituídas de visão" e seus olhos não possuem o ardor da alma interior nem expressam aquele "movimento e a atividade do espírito que entrou em si mesmo desde sua realidade corporal e penetrou no ser-para-si interior"[50]. O pensamento do Extremo Oriente não pode ser trazido para o âmbito dessa distinção entre dentro e fora, interioridade e exterioridade. Ele habita uma in-diferença, um *entre*, que é *tanto desinteriorizado quanto desexteriorizado*.

O vazio não está nem dentro nem fora. A filosofia da interioridade hegeliana tampouco captura aquele olhar *ausente* que não está nem absorvido no dentro nem imerso e disperso no fora. Ele é simplesmente *vazio*.

---

50 Hegel, G. W. F. *Cursos de estética*. Volume II. São Paulo: Edusp, 2014, p. 255.

Fig 4: Quarto sem interioridade

Em seu ensaio sobre o surrealismo, Walter Benjamin conta a história dos monges budistas que haviam feito um voto de nunca ficar em espaços fechados. Quão inquietante esse encontro com os monges tibetanos não deve ter parecido a Benjamin! Afinal, ele cresceu na interioridade burguesa do século XIX.

Em Moscou, hospedei-me em um hotel cujos quartos eram quase inteiramente ocupados por lamas tibetanos, que tinham ido a Moscou para participar de um congresso de todas as igrejas budistas. Impressionou-me o número de portas que ficavam sempre entreabertas, nos corredores. O que a princípio parecia um simples acaso, acabou por me inquietar. Descobri então que os hóspedes eram membros de uma seita, que tinham feito voto de nunca permanecer em espaços fechados[51].

Certamente Benjamin teria mais simpatia por Marcel Proust, que, após ter se decidido a *escrever*, vedou seu quarto com três camadas de cortinas. As paredes foram cobertas com painéis de cortiça. Nenhuma luz do dia e nenhum barulho da rua deveriam penetrar em seu quarto. A escrita como *rememoração e interiorização* do mundo se passa no espaço hermeticamente vedado da interioridade absoluta, ou melhor, em uma catedral da interioridade.

---

51 Benjamin, W. "O surrealismo. O último instantâneo da inteligência européia" in: *Magia e técnica, arte e política. Ensaios sobre literatura e história da cultura.* São Paulo: Brasiliense, 1987, p. 24.

Luz e sombra
Estética da ausência

> *Apareceu um homem que contou os seus cabelos. Ele os conta diariamente. Seu número não diminui, ele não pode perder um único fio. Sua missão é manter sempre a mesma quantidade de cabelos. Ele cumpre essa tarefa e se orgulha dela. Deve-se vê-lo apenas como ele se apresenta, com sua consciência tranquila debaixo do braço e um olhar de desprezo para todos que andam por aí com cabelos não contados.*
> Elias Canetti

Um ator de kabuki diz que seu amor particular pelas peônias se deve ao fato de que elas perdem suas pétalas em um piscar de olhos. O que é belo não é apenas sua plena floração, seu esplendor suntuoso. O que é mais belo é o charme doloroso de sua transitoriedade. O ator parece admirar o fato de que a peônia, em vez de murchar lentamente, descarta suas pétalas sem hesitação, consentindo tão alegremente com seu desaparecimento, o que é *antinatural*, pois a característica essencial da *natureza* é o *appetitus*, o *conatus ad Existentiam*, a perseverança no ser. Talvez o ator de kabuki veja em sua serenidade diante do perecimento, ou melhor, em sua in-diferença em relação à vida e à morte, uma espécie de *satori* (iluminação no zen-budismo). Sua antinaturalidade e sua in-diferença aparecem para ele como um reflexo daquele *espírito* que se livrou inteiramente da *alma* e de seu desejo *natural*.

Na *Crítica da faculdade de julgar*, Kant observa que "vale notar" que, "se alguém enganasse secretamente esse amante da natureza, plantando na terra flores artificiais (que podem ser muito parecidas com as naturais) [...], e ele descobrisse a farsa, o interesse imediato que ele antes tinha nessas coisas desapareceria de pronto"[52]. Esse amante da natureza

---

52 Kant, I. *Crítica da faculdade de julgar*. Petrópolis: Vozes, 2016, p. 197.

pode achar bela a *forma* da flor artificial. Mas ele não gosta de sua *existência*. Essa existência não é uma *criação* da natureza: "que a natureza tenha produzido aquela beleza: este pensamento tem de acompanhar a intuição e a reflexão, e é somente nele que se funda o interesse imediato que se tem por ela"[53]. A artificialidade da flor retira desta sua significância *teleológica*, ou mesmo *teológica*. Se a natureza produzisse uma flor que nunca murchasse, seu esplendor imperecível encantaria e alegraria aquele amante kantiano da natureza. A existência indestrutível, inabalável e imperecível não prejudicaria o sentimento de beleza. Pelo contrário, até o aumentaria. Para Platão, o belo divino também é algo que é eternamente, que não surge nem desaparece, nem aumenta nem diminui.

Nos *Ensaios da ociosidade*, Yoshida Kenkô escreve:

> admiramos as flores de cerejeira apenas em sua plena floração, a lua apenas num céu sem nuvens? [...] Um ramo cujos botões

---

53 Ibid.

estão apenas começando a desabrochar e um jardim onde as flores já caíram já nos dão muitíssimo a contemplar. [...] É claro que é bonito olhar para a lua cheia, brilhando intensamente a milhares de milhas de distância, mas toca a alma ainda mais profundamente esperar pelo amanhecer, quando a lua emerge lentamente e brilha profundamente nas montanhas entre os ciprestes, então de repente uma leve chuva cai e a lua se esconde por um tempo atrás das nuvens.

Para a sensibilidade do Extremo Oriente, nem a permanência do *ser* nem a constância da *essência* fazem parte do belo. Coisas que persistem, subsistem ou insistem não são belas nem nobres. O que é belo não é o destacado ou o proeminente, mas o recuado ou retirado, não o sólido, mas o que paira. São belas as coisas que já trazem em si os vestígios do nada, os vestígios de seu fim, coisas que não se assemelham a *si mesmas*. O belo não é a duração de um *estado*, mas a fugacidade de uma *transição*. O belo não é a plena presença, mas um "aí" que é coberto por uma ausência, que é *mais leve* ou *menos* pelo *vazio*. O belo não é o claro ou o transparente,

雨罷雲收歛長沙
隱隱殘虹帶晚霞
最好市橋左柳外
酒旗摇曳亦思家
　山市晴嵐

Fig 5: Claro sem luz

mas o que não é nitidamente delimitado, o que não é claramente diferenciado, mas que deve ser distinguido do difuso. O difuso, como o indeterminado, é um estado que pode ser corrigido através do fornecimento de mais determinações e distinções. Ele aguarda uma precisão. Por outro lado, o estado de in-diferença já é evidente *em si mesmo*. Ele se basta, tem sua própria *determinidade*. A in-diferença não significa uma falta de diferença e distinção. Nada lhe falta.

O conceito estilístico japonês *wabi*, que exprime um genuíno sentimento budista do belo, reúne em si o inacabado, o imperfeito, o transitório, o frágil e o discreto. Assim, as tigelas de chá, que devem transmitir o sentimento do *wabi*, não podem ter um aspecto perfeito e imaculado. Ao contrário, elas devem ser quebradas em si mesmas. Portanto, elas são feitas intencionalmente com irregularidades e assimetrias. Segundo um célebre exemplo do mestre do chá Shuko, um cavalo nobre amarrado diante de uma pequena cabana coberta de palha possui um caráter de *wabi*. *Wabi* é, por exemplo, um *único* galho de ameixeira que floresce na neve profunda. *Wabi* é oposto ao magnífico, ao perfeito, ao grande, ao suntuoso, ao exuberante e ao imutável. É bela uma tigela de prata que perde o brilho e se torna escura. O que é belo não é o brilhante, o transparente ou cristalino, mas o fosco, o nublado, o obscuro, o semitransparente, o sombrio. Assim, Jun'ichiro Tanizaki escreveu em seu livro *Elogio da Sombra*:

> São ainda os chineses que apreciam essa pedra a que chamamos jade: não seria, de facto, necessário sermos Extremo-Orientais como somos para achar atraentes esses blocos de pedra, estranhamente enevoados, que aprisionam nas profundezas da sua massa vagas luzes fugitivas e indolentes, como se nelas se tivesse coagulado um ar várias vezes centenário?[54]

Satori (iluminação), na verdade, não tem nada a ver com a luminescência ou com a luz. A espiritualidade oriental se distingue da mística ocidental da luz e da metafísica da luz também em relação a esse ponto. A luz potencializa a presença. Ao contrário, o budismo é uma religião da ausência. Assim, o nirvana,

---

54 Tanizaki, J. *Elogio da sombra*. Lisboa: Relógio D'Água, 1999, p. 21.

a expressão em sânscrito para a iluminação, significa originalmente "apagamento". O ideal budista é retirar-se, estar ausente. O Extremo Oriente tem uma relação muito reservada com a luz. Não há aquela luz heroica que busca dizimar a escuridão. Ao contrário, a luz e a escuridão se entrelaçam. Essa in-diferença entre luz e escuridão também é característica do sumi-ê zen-budista. O branco fosco do fundo possui uma claridade uniforme. As figuras parecem estar ali apenas para ressaltar a brancura do papel. A terra e o céu, as montanhas e as águas, fluem uns nos outros. Surge uma paisagem flutuante do vazio. Além disso, a luz *não tem direção* nas imagens. Assim, ela cobre a paisagem com uma atmosfera de ausência. O céu e a terra são igualmente claros. Não é claro onde termina a terra e onde começa o céu, onde termina a luz e onde começa a escuridão.

A luz da ausência do leste asiático se opõe totalmente às figuras da luz na pintura europeia. Por exemplo, aquela luz divina que cai *de cima* ou irradia de um corpo sagrado possui um efeito *ofuscante*. A *presença*, em sua intensificação até o divino, *ofusca*.

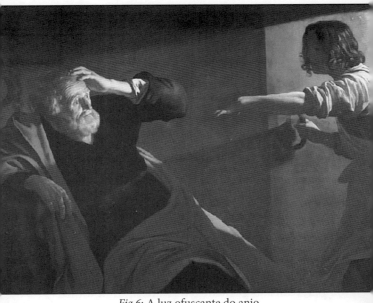

Fig 6: A luz ofuscante do anjo

Nos quadros de Vermeer, a luz frequentemente também *cai no* interior do espaço. O vão que Vermeer forma com a janela entreaberta dirige e concentra a luz. É comum que Vermeer deixe a luz e a escuridão quase colidirem. O contorno preciso que surge dessa colisão intensifica a presença. No quadro *Moça com o brinco de pérola*, a gola branca contrasta de maneira radiante com o fundo escuro. No entanto, apesar de sua intensidade, a luz de Vermeer *não é ofuscante*, pois não tem sua origem na transcendência, mas na *imanência* do mundo e das coisas. Assim, a luz que cai no interior do espaço não parece *fria*. O calor ou a amenidade peculiares da luz de Vermeer já indicam sua origem na imanência. Em Vermeer, as coisas começam a resplandecer *a partir de si mesmas*. Coisas como botões, brincos, golas ou chapéus resplandecem claramente sem indicar uma fonte de luz. Essa luz sem fonte parece uma luz própria das coisas, que parece estar ali apenas para destacar sua presença.

A luz de Vermeer é uma luz da *presença*. Ela realça a presença das coisas. Por outro lado, a luz estática do papel *shōji*[55] mergulha as coisas em uma ausência. O papel *shōji* age como uma camada de nuvens brancas que delicadamente envolve a luz. Ele faz a luz parar, por assim dizer. Jun'ichiro Tanizaki também admira essa luz encantadora da ausência: "comprazemo-nos nessa claridade tênue, feita de luz exterior de aparência incerta, retida na superfície das paredes de cor crepuscular,

---

55 *Shōji* é a designação japonesa para as portas de correr de papel comuns no Extremo Oriente.

Fig 7: Incidência da luz

e que conserva com dificuldade uma última réstia de vida"[56]. A luz do *shōji* é tão contida, tão ausente quanto o último suspiro de uma luz moribunda, que, no entanto, inscreve nesta, paradoxalmente, uma vitalidade *não--natural*. Devido a sua delicadeza, a luz do *shōji* não consegue *iluminar* ou *irradiar* sobre as coisas no espaço. Assim, as próprias coisas se recolhem em uma ausência:

> Como se os raios de sol vindos com dificuldade do jardim até ali, após terem deslizado sob o beiral e atravessado a varanda, tivessem perdido a força de iluminar, como se houvessem ficado anémicos ao ponto de não terem outro poder para além do de sublinhar a brancura do papel dos shōji[57].

A luz parada, que quase parece ausente, não pressiona a escuridão. Nisso reside sua afabilidade. Afável não é aquela luz heroica que expulsa rigorosamente a escuridão. A luz afável e contida do papel *shōji*, por outro lado, cria uma in-diferença entre claro e escuro. Surge um nem-claro-nem-escuro, uma luz intermediária:

---

56 Tanizaki, J. *Elogio da sombra*, p. 32.

57 Ibid., p. 35.

> Porque ela provoca-me o efeito de uma ligeira névoa que embotasse as minhas faculdades visuais. Os pálidos reflexos do papel, como se fossem impotentes para atravessar as trevas espessas do toko no ma, resvalam de certa maneira para essas trevas, revelando um universo ambíguo onde luz e sombra se confundem[58].

A cultura do Extremo Oriente não conhece uma relação tensa e dicotômica entre luz e sombra. Assim, a sombra adquire um brilho próprio. E à escuridão é conferida uma claridade própria. Luz e sombra, claro e escuro não se excluem. Para o autor de *Elogio da Sombra*, até mesmo o *yôkan* (um doce japonês vermelho escuro feito de feijão vermelho) parece ser uma joia de escuridão brilhante:

> A sua superfície turva, semitranslúcida como um jade, a impressão que dão de absorverem a luz do Sol até à massa, de encerrar uma claridade indecisa como um sonho [...]. Se depuserem agora sobre um prato para bolos lacado esta harmonia colorida que é um yôkan, o mergulharem numa sombra tal que faça com que mal

---

58 Ibid., p. 36.

Fig 8: Shōji: luz estática

se lhe distinga a cor, ele tornar-se-á ainda mais propício à contemplação. E quando por fim levarem à boca essa matéria fresca e lisa, a sentirem fundir na ponta da língua como uma parcela da escuridão da sala, solidificada numa massa açucarada [...][59].

O vazio e a ausência também marcam a culinária do Extremo Oriente. Até mesmo o arroz, que certamente constitui o centro da culinária do Extremo Oriente, parece vazio devido

---

59 Ibid., p. 28.

a sua falta de cor. Assim, o *centro é vazio*. Até mesmo o seu sabor insípido o cobre de vazio e ausência. Zhuang Zhou diria que o arroz é capaz de se adaptar a qualquer prato, a qualquer sabor, porque ele é *vazio*, porque não possui nenhum sabor em si mesmo. O arroz parece vazio como aquela tela branca do sumi-ê do Extremo Oriente. As tigelinhas coloridas de iguarias parecem potes de tinta. Assim, todo o ato de comer se assemelha à pintura. Até mesmo no nível tátil, o arroz é vazio. O arroz cozido não oferece resistência. Até mesmo o tempura segue o princípio do vazio. Ele não possui aquele peso que acompanha as frituras na culinária ocidental. O óleo quente está lá apenas para transformar a fina camada de farinha aplicada sobre os legumes ou frutos do mar em um crocante aglomerado de vazio. Até mesmo o conteúdo envolvido adquire uma deliciosa leveza. Quando, como na Coreia, uma delicada folha de gergelim verde é usada para o tempura, ela se dissolve no óleo quente em um verde quase incorpóreo e muito fragrante. É realmente uma pena que nenhum cozinheiro tenha tido a ideia de usar uma delicada folha de chá verde para o tempura. Isso resultaria em uma iguaria feita de um aroma de chá encantador e de vazio, ou melhor, um delicioso prato de ausência.

A culinária do Extremo Oriente também parece vazia porque não possui um centro. Um visitante ocidental dificilmente conseguirá evitar a sensação de que, apesar da variedade de pequenas iguarias, algo está faltando na culinária do Extremo Oriente, sem conseguir nomear diretamente o que falta. O que falta é o centro ou o peso de um prato principal, ou a *coesão* de um menu. Provavelmente, essa é também a razão pela qual o restaurante chinês no Ocidente segue uma ordem dos pratos diferente da que se segue na China. A culinária do Extremo Oriente *dispersa*, ou melhor, *esvazia*, o prato principal em uma variedade de pequenos pratos, que são servidos todos ao mesmo tempo.

Na culinária do Extremo Oriente, o ato de comer não se realiza como um desmonte com o garfo e a faca, mas como uma reunião com os hashis. No Ocidente, come-se e pensa-se desmontando, ou seja, analiticamente. Mas não se pode dizer que, em contrapartida, se pense e coma de forma sintética no Extremo Oriente. Análise e síntese pertencem à mesma ordem. Assim, comer e pensar no Extremo Oriente não são nem analíticos nem sintéticos. Ao contrário, eles seguem uma ordem *sindética*. Sindético significa conectado por conjunção, conectado por um "e" contínuo, ou então *dispostos um ao lado do outro*. O pensamento do Extremo Oriente não conhece o categórico, o definitivo de um ponto ou de um ponto de exclamação. Ao contrário, ele é determinado por vírgulas conjuntivas e pelo "e", por desvios e caminhos secundários, ou por caminhos que prosseguem ocultos.

A iquebana é uma arte japonesa de arranjos florais. Literalmente, significa "vivificação da flor". No entanto, trata-se de uma vivificação incomum, pois, na verdade, a flor é totalmente separada da raiz, desse órgão natural da vida, do *appetitus*. Assim, a flor é vivificada porque lhe é dada a morte. O corte desenraizante corta-lhe a *alma*, o *conatus ad Existentiam*, o desejo. Isso a eleva acima do lento murchar, de sua morte *natural*. Assim, ela é removida da diferença entre "vida" e "morte". A flor brilha com uma vitalidade especial, em uma florescente in-diferença

Fig 9: Instruções de um mestre zen diante de uma iquebana em "estilo sumi-ê"

entre "vida" e "morte", que brota do *espírito* do vazio. Não se trata de um brilho ou reflexo da eternidade, mas de um brilho da ausência. Em plena transitoriedade radical, a flor irradia uma vitalidade que é antinatural ou contranatural, uma *duração* que não *perdura*.

Até o jardim de pedras japonês é um jardim de ausência e vazio. Não há flores nem árvores nem vestígios de pessoas ali. Apesar dessa ausência e vazio, ele irradia uma vitalidade intensa. Isso se deve a uma multiplicidade de *con-*

tramovimentações. A movimentação das linhas onduladas rasteladas no solo de cascalho contrasta com a calma serena das rochas. Contra o branco do solo de cascalho, destaca-se a escuridão das rochas. A horizontalidade dos rios e a verticalidade das montanhas, as linhas circulares da água e as linhas pontiagudas das rochas criam uma tensão adicional de contramovimentação. Isso implica um ponto de virada, um ar-reverso da in-diferença. Nos *Sutras das montanhas e rios*, o mestre zen Dogen escreve:

> Não menospreze as montanhas, dizendo que as montanhas azuis não podem caminhar ou que a montanha oriental não pode atravessar a água. Somente alguém com entendimento grosseiro duvida da frase "as montanhas azuis caminham". É por causa da pobreza de experiência que alguém se surpreende com uma expressão como "montanhas fluentes"[60].

O jardim de pedras realiza mais uma vez aquele princípio da vivificação paradoxal. Ele vivifica a natureza ao *secar* completamente sua *alma*, seu *conatus ad Existentiam*. Seu desejo natural, orgânico, é morto. Esse jardim zen de

---

60 Cf. Dogen, Shôbôgenzô [Master Dogen's Shobogenzo]. Livro 1. Londres: Windbell, 1996, p. 169.

pedra, esse lugar de *sobre-vida*, coloca a natureza em um estado de *satori*. Ele *espiritualiza* a natureza ao cortar sua *alma*. Afastada da "vida" e da "morte", ela brilha em um vazio e ausência.

Bunraku é o teatro de marionetes japonês. Mas ele tem pouco em comum com o teatro de marionetes ocidental. As marionetes no *Bunraku* não são manipuladas por fios nem por mãos invisíveis que sugeririam um destino inevitável ou um deus oculto. As marionetes, que medem de um a dois metros de altura, são movidas por três atores *visíveis* no palco, um mestre e seus dois assistentes, vestidos de preto. O rosto dos assistentes é coberto por um pano preto. O rosto do mestre, por outro lado, permanece descoberto. Mas ele é completamente inexpressivo, sem nenhuma mímica, como se não tivesse *alma*. O teatro de marionetes ocidental *anima* o inanimado através da voz e do movimento. Esse processo de animação é fascinante. Por outro lado, o teatro da ausência não é um *teatro da alma*. Assim, as marionetes do *Bunraku* não têm *voz* própria, que representa o meio da alma e da animação. A significância é reduzida à pura gestualidade. Em vez

Fig 10: Jardim da ausência

da voz de uma alma, ouve-se os recitadores, que permanecem *imóveis* enquanto recitam o texto diante deles de forma semicantada. No entanto, essa recitação não é um *canto*, uma *canção*. É tão *seco* quanto aquele jardim de pedras. No teatro da ausência, as qualidades emotivas como tristeza ou raiva também perdem seu caráter expressivo da alma. Elas não parecem ser manifestações ou espasmos da alma. Ao contrário, elas se *desinteriorizam* ou se *desanimam*, tornando-se puras *figuras*. É precisamente nessa abstração ou *figuralização*, que também seria uma forma de *dessecação*, que reside o *efeito catártico* da peça.

Diante dos espectadores desenrola-se um palco de ausência. O teatro Nô também é um teatro de ausência. O rígido traje de seda e a máscara vazia fazem os atores parecerem bonecos. Assim como naquele jardim de pedras, a *alma é dessecada*. Quando um ator aparece sem máscara, seu rosto descoberto é totalmente inexpressivo e vazio. Até mesmo a composição narrativa da peça Nô cria uma atmosfera de ausência. A interpenetração entre sonho e realidade constitui seu padrão narrativo fundamental. A realidade é envolta em uma flutuação onírica. As coisas surgem apenas para se recolherem novamente na ausência. As figuras fantasmagóricas do passado e a sequência de ações apenas levemente definida criam uma in-diferença temporal. Os passos suaves dos atores intensificam o efeito de flutuação onírica. Sonho e realidade se fundem. Nesse mundo de ausência e in-diferença, é muito difícil discernir onde termina o sonho e onde começa a realidade.

Fig 11: Uma marionete japonesa

Fig 12: Nô: teatro sem alma

Conhecimento e parvoíce
A caminho do paraíso

> *O curso do Sol*
> *seguem as flores da Malva*
> *mesmo na época de chuvas.*
> Bashō

Algumas passagens de *Sobre o teatro de marionetes*, de Kleist, parecem aquelas histórias maravilhosas de Zhuang Zhou. O "Sr. C…", que parece estar em posse de alguns segredos do mundo, age como um sábio taoísta. Ele admira, particularmente, os graciosos movimentos das marionetes. De acordo com sua teoria, a graciosidade das marionetes se deve ao fato de que elas não têm *alma* e são puramente mecânicas, obedecendo a leis puramente físicas, como membros artificiais:

> Você, ele perguntou enquanto eu abaixava silenciosamente o olhar em direção ao chão: você já ouviu falar daquelas pernas mecânicas que os artistas ingleses

fabricam para os desafortunados que perderam suas pernas? [...] Sinto muito, ele respondeu; porque se eu lhe disser que esses desafortunados dançam com elas, temo que você não acreditará em mim. – O que estou dizendo, dançam? Embora o âmbito de seus movimentos seja limitado, os que eles têm à disposição são realizados com uma calma, leveza e graça que deixam qualquer mente pensante maravilhada.

O título de *Sobre o teatro de marionetes* também poderia ter sido *De anima*. Kleist apresenta ali uma psicologia especial. Ele faz da alma a responsável pela falta de graciosidade nos dançarinos humanos. O dançarino humano, isto é, animado, tenta dirigir seu corpo *conscientemente*. Mas sua consciência é imperfeita. Ela se engana constantemente. A alma *está* sempre errada:

> Observe apenas P..., continuou ele, quando ela interpreta Dafne e, perseguida por Apolo, volta-se para ele; a alma está nos nós de sua coluna; ela se curva como se quisesse quebrar [...]. Veja o jovem F..., quando ele, como Páris, está entre as três deusas e oferece a maçã para Vênus: a alma está mesmo lá (é assustador ver isso) em seu cotovelo.

O Sr. C… atribui a graça das marionetes ao seu não fazer. Sem "nenhuma ajuda", diz ele, elas simplesmente se entregam "à mera lei da gravidade". Quando são movidas em uma linha simples, seus membros descrevem, sem serem movidos individualmente pelo marionetista, curvas complexas *como que por si mesmos*. Quando são agitadas de forma totalmente aleatória, o conjunto adquire um movimento rítmico. Assim, uma comparação com a teoria do não fazer de Zhuang Zhou se impõe. Assim como a água que flui sem esforço vale abaixo, as marionetes aproveitam o potencial situacional contido na gravidade. Sem fazer nenhum esforço próprio, elas se deixam mover pela lei da gravidade. Por outro lado, o dançarino humano tenta *se* pôr em movimento voluntária e conscientemente. Ele sempre faz *demais*, por assim dizer. Esse *excesso de fazer* tira toda a graça de seus movimentos. Essa interpretação inspirada pelo "taoísmo", no entanto, falha em um ponto essencial. As marionetes são, na verdade, "antigraves":

> Além disso, ele disse, essas marionetes têm a vantagem de serem *antigraves*. Elas não sabem nada sobre a inércia da matéria, que, de todas as propriedades, é a que mais se

> empenha contra a dança: porque a força que as ergue no ar é maior do que aquela que as prende ao chão. O que nossa boa G... daria para ser sessenta libras mais leve, ou ter um peso de tal magnitude a ajudando em seus *entrechats* e suas piruetas? As marionetes só precisam do chão para, como elfos, o *tocarem* de leve e reviver o impulso dos membros através da pausa momentânea; nós precisamos dele para *descansar* sobre ele e nos recuperarmos do esforço da dança [...].

As marionetes são, de fato, uma "matéria" inanimada. Mas elas não conhecem nada sobre a inércia da matéria. Portanto, elas não são puramente matéria. Os fios com os quais o divino marionetista as controla eliminam delas a inércia da matéria e, de certa forma, lhes dão asas. Como matéria pura, elas não seriam antigraves. Como qualquer matéria, estariam sujeitas à gravidade e à inércia. Elas são antigraves graças à força *vertical* que vem *de cima* e é "maior" do que a gravidade que as "prende" à terra.

A antigravidade à qual os dançarinos de Kleist aspiram não anima o Extremo Oriente. As danças do Extremo Oriente não conhecem nem saltos altos nem giros rápidos. A dança dos monges coreanos (*sung-mu*), que traduz o vazio e a ausência no movimento, descreve em um ritmo extremamente lento linhas longas e principalmente horizontais. Até o movimento básico da dança Nô é o passo deslizante. Os dançarinos deslizam pelo chão com a ponta do pé ligeiramente levantada. Não há movimento vertical. Nenhuma antigravidade heroica interrompe a linha horizontal. Ao contrário dos dançarinos Nô, que deslizam, as marionetes de Kleist *flutuam* sobre o chão graças à força vertical que as puxa para cima. Os fios já as conectam a *Deus*, ao divino marionetista. Elas são como que membros divinos, uma matéria desmaterializada. Assim, Kleist não argumenta de forma totalmente consistente quando opõe a marionete como uma matéria pura a Deus:

> Eu disse que [...] ele nunca mais me faria acreditar que poderia haver mais graciosidade em um boneco articulado mecânico do que na construção do corpo humano. Ele respondeu que seria absolutamente impossível para o homem sequer se aproximar do boneco articulado. Somente um deus poderia competir com a matéria nesse campo; e aqui está o ponto no qual as duas extremidades do mundo circular se entrelaçam.

A antigravidade é o traço fundamental da *alma ocidental*, e mesmo do pensamento ocidental. Durante sua viagem pelas Terras Altas de Berna, as montanhas parecem "massas eternamente mortas" para Hegel, evocando uma "representação uniforme e tediosa: *é assim*"[61]. A inércia e a gravidade da matéria entediam Hegel. Mesmo diante do rio de geleira que despenca pelas massas de rocha, Hegel é tomado por um profundo tédio. Hegel fala do "barulho eterno" que "no fim das contas, causa tédio àquele que não está acostumado e que passa várias horas caminhando ao seu lado". Por outro lado, Hegel aprecia a cachoeira Staubbach em Lauterbrunnen. Encantado com sua visão, ele escreve em seu diário:

> [...] a graciosa e livre dispersão deste vapor d'água [tem] algo de encantador. [...] o pensamento da coerção, da necessidade da natureza [permanece] distante, e o vivo, sempre se dissolvendo, se desintegrando [...], eternamente se movendo e agindo, em vez disso, evoca a imagem de um jogo livre.

---

61 Hegel, G. W. F. *Tagebuch der Reise in die Berner Oberalpen*. In: Rosenkranz, K. *Georg Wilhelm Friedrich Hegels Leben*. Berlim: Duncker und Humblot, 1844, p. 470-490. Para essa citação, p. 483.

O Staubbach em Lauterbrunnen é também em si desprovido de alma. Mas, devido ao seu vapor d'água *ascendente*, dá a impressão de estar animado, ou seja, de ser *antigrave*. A antigravidade é o traço fundamental do "espírito" hegeliano. A aparência de um "jogo livre", do "eternamente se movendo e agindo", dá a ilusão de um espírito. Essa antigravidade da água, a quase espiritualidade dessa matéria inanimada, claramente fascina Hegel.

O Sr. C… observa que é preciso ter lido com atenção o terceiro capítulo do primeiro livro do Gênesis para compreendê-lo. Sabe-se que esse capítulo fala sobre a queda. O consumo do fruto da árvore do conhecimento dota os seres humanos de uma consciência que sabe *distinguir* entre o bem e o mal, isto é, da *capacidade de distinção* em geral. Mas essa consciência humana é finita. O Sr. C… deriva todas as insuficiências humanas de sua finitude. A consciência é ordenadora, mas causa desordens. Ela é clarificadora, mas não alcança a transparência e a evidência absolutas. Ela dirige, mas ao mesmo tempo se desvia: "eu disse que sabia muito bem quais desordens a consciência causa na graça natural do ser humano". Ela capta e compreende, mas constantemente se engana: "tais equívocos, ele acrescentou, interrompendo-se, são inevitáveis desde que comemos da árvore do conhecimento. Mas o paraíso está trancado e o querubim está atrás de nós [...]".

Para Kleist, a única forma de escapar da inaptidão da existência humana, ou seja, de recuperar a graça, consiste em potencializar o poder do conhecimento e da reflexão, em tornar infinitos o saber e a consciência:

> Bem, meu excelente amigo, disse o Sr. C..., então você está em posse de tudo o que é necessário para me compreender. Vemos que, à medida que no mundo orgânico a reflexão se torna mais obscura e mais fraca, a graça nele emerge cada vez mais radiante e dominante. – Mas, assim como a intersecção de duas linhas do mesmo lado de um ponto, após passar pelo infinito, de repente se encontra do outro lado, ou a imagem do espelho côncavo, depois de se afastar para o infinito, de repente volta a aparecer bem diante de nós, da mesma forma, quando o conhecimento passou como que por um infinito, a graça reaparece, de modo que, ao mesmo tempo, ela aparece de forma mais pura naquele físico humano que tem ou nenhuma consciência ou uma

> consciência infinita, ou seja, na marionete ou em Deus. Portanto, disse eu um pouco distraído, deveríamos novamente comer da árvore do conhecimento para regredir ao estado de inocência.

A anedota de Kleist segue o padrão fundamental do pensamento metafísico ocidental. A "alma" de Platão já anseia pelo divino, pelo infinito. Em sua antigravidade, ela é um órgão do desejo. Em virtude de suas asas, ela se liberta da gravidade e flutua em direção aos deuses: "a virtude natural da alma consiste em levar o que é pesado para as alturas onde habita a geração dos deuses"[62]. Kleist pensa constantemente nos termos da dicotomia entre consciência e matéria, espírito e corpo, sujeito e objeto, atividade e passividade. O mundo é, antes de tudo, uma resistência a ser quebrada por meio da intensificação da consciência. O virtuoso tem que *quebrar* a inércia da matéria maximizando sua ação. A ideia de virtuosidade também segue o esquema dicotômico. Ao se intensificar a ação subjetiva, o objeto é *dominado*, sua re-

---

62 Platão. *Fedro*. *In*: *Diálogos*. Vol. V. Belém: UFPA, 1975, 246d.

sistência é *quebrada*. O dançarino, enquanto sujeito ativo, *assenhora-se* de seu corpo. O *poder* e o *ser capaz* fazem dele um *senhor*. A graça é o resultado de uma *dominação*. O corpo é *dominado* na medida em que o sujeito se esforça e se empenha. De fato, o conceito de "virtuosidade" deriva de *virtus* (virtude). Seu conteúdo moral é, sobretudo, o *esforçar-se por* ou *esforçar-se contra*. Enquanto tal, a ideia de virtuosidade é antigrave.

Ao contrário, o pensamento do Extremo Oriente é *pró-grave*. Através de diversas escolas filosóficas, ensina-se que temos que nos adaptar às circunstâncias *naturais* das coisas e abdicar de *nós mesmos*, esquecer-nos de nós mesmos em favor da regularidade da imanência do mundo. Acima de tudo, ele se eleva acima da esfera da subjetividade, da relação dicotômica entre matéria e espírito. O pensamento do Extremo Oriente é pró-grave na medida em que busca se adaptar ao *peso do mundo*. Ele ensina que é o próprio esforço que gera resistência. Modificando as palavras de Kleist, poderíamos dizer: à medida que a reflexão se torna mais obscura e mais fraca, a *graça do mundo*, ou melhor, a *graça das coisas*, emerge cada vez mais radiante e dominante. A pró-gravidade faz que a imanência do mundo brilhe em sua graça, em sua ordem natural, que seriam suprimidas se a consciência tomasse a dianteira. Zhuang Zhou diria que, em vez de comer novamente da árvore do conhecimento, deveríamos desfazer o consumo de sua fruta.

Zhuang Zhou contaria ao Sr. C... a história de um homem muito esquecido, que se esquece de andar quando está em movimento e de se sentar quando está em casa[63], ou a história de um marceneiro que esquece até seu próprio corpo e seus membros (*wang wu you si zhi xing ti ye*, 忘吾有四肢形體也 , Z. Livro 19), mas possui a capacidade de compreender imediatamente as propriedades naturais (*tian xing*, 天性) da árvore. Sua máxima é: "porque permiti que minha natureza cooperasse com a natureza do material, as pessoas consideram isso como uma obra divina"[64]. Quanto mais

---

63 Cf. Liezi. *Das wahre Buch vom quellenden Urgrund*. Düsseldorf/Colônia: Diederichs, 1980, p. 81.

64 Zhuang Zhou. *Das wahre Buch vom südlichen Blütenland*, p. 204.

fraco for o poder de reflexão, a consciência, mais brilhantes as coisas se mostram. De certa forma, menos poder de reflexão significa mais mundo. Zhuang Zhou evoca repetidamente a ausência e o esquecimento. O sábio é "ausente e sem alma" (*mo ran wu hun*, 莫然無魂, Z. Livro 11). Ele é "como um tolo, como um homem inconsciente" (*ruo yu ruo hun*, 若愚若昏, Z. Livro 12). O cavalo mais excelente é "como que ausente e esquecido de si mesmo" (*ruo xu ruo shi*, 若卹若失, Z. Livro 24). "Esquecer todas as coisas e esquecer o céu, isso é o que se chama de esquecimento de si mesmo. Mas quem está esquecido de si mesmo alcança o céu justamente por isso" (*wang hu wu, wang hu tian, qi ming wei wang ji, wang ji zhi ren, shi zhi wei ru yu tian*, 忘乎物 忘乎天 其名為忘己 忘己之人 是之謂入於天, Z. Livro 12). O bom governante não dirige o estado pelo saber (*zhi*, 智), mas pela tolice (*yu*, 愚, L. §65). Em vez de tolice, poderíamos falar em *parvoíce*, pois o termo alemão para parvo, *blöd*, originalmente significa "delicado", "temeroso" ou "tímido". É uma receptividade ao que ultrapassa o nível da consciência e da reflexão, o nível da intenção e da vontade.

A relação com o mundo não é dominada pela resolução do fazer e da ação, pela claridade da consciência e da reflexão. Ao contrário, deixa-se o mundo acontecer, fluir para dentro de si retraindo-se para uma ausência, esquecendo-se de si mesmo ou esvaziando-se como aquela câmara clara que, precisamente por seu vazio, é capaz de receber muita luz (*xu shi sheng bai*, 虛室生白, Z. Livro 4). Em vez de uma ação resoluta, o que se busca é uma descontração, uma ausência de esforço. Sem dúvidas, eis o equivalente do Extremo Oriente ao conceito ocidental de liberdade. Mas, ao contrário da ideia de liberdade, que, no limite, supõe um sujeito sem mundo, a ausência de esforço se deve a uma in-diferença entre consciência e mundo, interior e exterior. Tampouco o corpo é um objeto de dominação ou um meio que deveria expressar a alma ou a subjetividade. Embora se trate de dar ao corpo uma postura correta (*ruo zheng ru xing*, 若正汝形, Z. Livro 22)[65], esse trabalho corporal

---

[65] Richard Wilhelm traduz essa passagem de modo problemático como "domine o corpo". Ele frequentemente fala em dominação, onde no chinês não há menção disso. Por

serve apenas para abri-lo, torná-lo permeável àquela energia vital celestial que vivifica, renova, harmoniza e pacifica o mundo inteiro (*tian he jiang zhi*, 天和將至).

O célebre poeta Tao Yuanming, que, de acordo com a anedota, tocava uma cítara sem cordas (*qin*), não é um "virtuoso". Um instrumento de cordas sem cordas torna toda virtuosidade, toda destreza desnecessária. As cordas até mesmo representam um obstáculo para o desdobramento da grande música, pois esta não tem sons (*da yin xi sheng*, 大音希聲, L. §41). Elas determinam o que se furta a qualquer determinação. Mas a renúncia às cordas e aos sons não é feita em prol do "sublime", da "essência absoluta" da música ou de uma "transcendência" divina que *escaparia* de qualquer som audível. Elas não são descartadas por uma *falta*, mas por um *excesso*. Um excesso de fazer e presença

---

exemplo, ele traduz *wang de zhi ren* (王德之人, literalmente, um homem de majestosa sabedoria e moralidade, Z. Livro 12) como "o homem que domina majestosamente a Vida [...]" (cf. *Das wahre Buch vom südlichen Blütenland*, p. 130). Além disso, *wáng* (王) aqui significa *wàng* (旺, majestosamente próspero).

leva à cristalização e fixação do que seria um processo sem fim. Os dedos de Tao Yuanming não tocam de forma independente. No máximo, eles seguem o acorde celestial. Ele não é virtuoso principalmente porque não se esforça, não faz nada e não busca dominar nada. A virtuosidade, afinal, é baseada na maximização do fazer. Se fosse um virtuoso, Tao Yuanming seria um virtuoso do não fazer.

Aquela música maravilhosa do "Senhor da Terra Amarela" dissolve toda separação e todos os limites. Assim, ela inicialmente desperta medo e timidez (*ju*, 懼). A isso se seguem cansaço e exaustão (*dai*, 怠). Então, ela leva à confusão (*huo*, 惑). Por fim, ela gera um sentimento de parvoíce (*yu*, 愚). Perdemo-nos e esquecemo-nos de nós mesmos em meio ao silêncio da ausência de limites (*dang dang mo mo, nai bu zi de*, 蕩蕩默默乃不自得, Z. Livro 14). O cansaço e a parvoíce abrem espaços amplos de ausência. Eles fazem o eu recuar em favor de um *mundo*. Uma música celestial tocada no órgão (*tian lai*, 天籟) também torna o Mestre Qi ausente e esquecido de si (*da yan*,

荅焉). Ao ser questionado por seu preocupado discípulo, ele diz que perdeu seu eu (*sang wo*, 喪我, Z. Livro 2).

O conhecimento deve ceder lugar ao esquecimento. No entanto, o esquecimento é uma afirmação extrema. Esquecemos nossos pés, diz Zhuang Zhou, quando temos os sapatos certos. Esquecemos os quadris quando usamos o cinto certo. Portanto, o esquecimento se baseia em uma harmonia que leva à ausência de resistência e de coerção. Poderíamos continuar essa imagem de Zhuang Zhou da seguinte maneira: esquecemos *a cabeça* quando pensamos corretamente. Esquecemos até *de nós mesmos* quando somos *completamente*. Uma harmonia perfeita reina onde nos esquecemos do próprio modo correto de ser (*wang shi zhi shi ye*, 忘適之適也, Z. Livro 19).

A exigência de Zhuang Zhou de abandonar o saber e o conhecimento (*qu zhi*, 去知, Z. Livro 6) é diametralmente oposta à concepção do "Sr. C…", que vê na maximização do conhecimento a única possibilidade de escapar da miséria da existência humana. O infortúnio humano reside precisamente no fato de que ele não comeu o suficiente da árvore do conhecimento. Sendo dotado apenas de uma consciência finita, ele é expulso do paraíso. Assim, a salvação, ou mesmo a redenção, consiste em desfinitizar a consciência, em comer novamente da árvore do conhecimento. Mas o paraíso está trancado. E o querubim guarda a porta celestial com asas estendidas. Portanto, a conclusão da história de Kleist é: "devemos dar a volta ao mundo e ver se talvez exista, em algum lugar, uma porta dos fundos que esteja aberta para ele (isto é, para o paraíso)". Nessa viagem ao redor do mundo, certamente não se encontrará uma porta dos fundos aberta para o paraíso. No entanto, é possível que se chegue inesperadamente a uma terra estrangeira e inaudita chamada "China", que, à sua maneira, seria paradisíaca ou utópica, uma terra de ausência e esquecimento, onde as pessoas se esquecem de caminhar enquanto estão em movimento e de sentar-se quando estão em casa, onde o cantor se esquece de cantar e o dançarino se esquece de dançar.

Terra e mar
Estratégias do pensamento

> *Funde o amor às torres, pois elas dominam o deserto.*
> Antoine de St. Exupéry

A navegação aventureira é uma metáfora popular para o pensamento na filosofia ocidental. Para ela, dominar o oceano tempestuoso parece ser uma empreitada heroica. O mundo se apresenta como uma resistência que deve ser quebrada por meio de um ativismo. Assim, Hegel também compara o pensamento a uma navegação aventureira em um oceano infinito onde "todas as cores diversas e todas as luzes amigáveis foram extintas". Diante dessa imensidão oceânica e dessa incerteza, o espírito é tomado "pelo terror"[66].

---

[66] Hegel, G. W. F. *Enzyklopädie der philosophischen Wissenschaften. Werke in zwanzig Bänden*. Vol. 10. Frankfurt: Suhrkamp, 1970, p. 416.

As observações geofilosóficas de Hegel sobre o mar e a navegação se assemelham a uma descrição alegórica do pensamento greco-ocidental. O mar, diz Hegel, deve ser enfrentado com "astúcia", "prudência" e "coragem", pois lidamos "com o elemento mais astuto, incerto e traiçoeiro". Sua superfície é "absolutamente dócil". Ela não resiste a nenhuma pressão, "nem mesmo a um sopro de vento". Assim, ela parece "infinitamente inocente, flexível, amável e maleável". Mas é precisamente essa flexibilidade que converte o mar no "elemento mais perigoso e violento", e nisso reside seu caráter traiçoeiro. Aparentemente, Hegel não é capaz de permanecer nas propriedades positivas da água, como a flexibilidade, a maleabilidade ou a amabilidade, e ver nelas a possibilidade de um *pensamento amável e maleável*. Ele rapidamente torna a flexibilidade da água responsável pela violência do mar. Sua amabilidade é apenas um engano:

> O ser humano enfrenta tal engano e violência meramente com um simples pedaço de madeira, confiando apenas em sua coragem e presença de espírito, e assim passa do firme para o instável, levando consigo seu próprio chão construído. O navio, esse cisne do

mar, que corta a superfície das ondas em movimentos ágeis e redondos ou desenha círculos nela, é uma ferramenta cuja invenção é a maior honra tanto para a ousadia humana quanto para seu entendimento[67].

Ao observar a água, é possível que Hegel tenha pensado que a água em si é traiçoeira, pelo simples motivo de que ela constantemente muda de forma, não possui uma forma *própria*, nunca é igual a *si mesma* e carece de qualquer constância. Aparentemente, para Hegel ela parece ser uma contrafigura da *verdade*. De fato, a terra não é flexível e oferece resistência à pressão externa. Mas ela fornece um apoio muito estável, ao passo que o mar representa o "instável". E a terra tem uma forma estável. A constância, que é uma propriedade importante da essência, lhe é inerente. A percepção que Hegel tem da água e do mar é inteiramente guiada por uma necessidade compulsiva de firmeza. Somente a orientação pelo que é firme faz que o mar pareça algo "instável" e o elemento "mais incerto".

---

67 Hegel, G. W. F. *Vorlesungen über die Geschichte der Philosophie. Werke in zwanzig Bänden*. Vol. 12. Frankfurt: Suhrkamp, 1970, p. 119.

Kant também se serve da metáfora da navegação para ilustrar seu pensamento. Ao contrário de Hume – que, para colocar seu barco em um lugar seguro, o teria deixado na praia do ceticismo, onde, no entanto, ele começou a apodrecer –, Kant quer confiar seu barco a um marinheiro que "possa manobrar o barco com firmeza, de acordo com os princípios seguros da arte náutica, retirados do conhecimento do globo, e, munido de uma carta náutica completa e de um compasso, levá-lo para onde melhor lhe parecer"[68]. A arte náutica kantiana domina o mar ao enquadrá-lo em um sistema de princípios e cartografá-lo completamente com coordenadas inabaláveis. O pensamento ocidental surge da necessidade de um fundamento sólido. É justamente essa necessidade compulsiva de constância e univocidade que faz com que qualquer desvio, mudança ou indefinição pareça uma ameaça.

Se a "razão", como a "última pedra de toque da verdade"[69], navega para além da intui-

---

68 Kant, I. *Prolegômenos*. In: Kant, I. *Textos selecionados*. São Paulo: Abril Cultural, 1984, p. 12.

69 Kant, I. *Was heißt: Sich im Denken orienteren?*. Akademie-Ausgabe, vol. 8. Berlim: De Gruyter, 1912, p. 140.

ção objetiva, ela entra em um espaço noturno. Ela precisa se orientar no "espaço imensurável do suprassensível, repleto de espessa noite". Ela age apenas de acordo com sua "necessidade" de "precisar julgar". Para ser "satisfeita", ela precisa de uma "*máxima*" que ofereça o *máximo* de constância e generalidade. Ela tem que iluminar a escuridão abissal. Mesmo a "espessa noite", quando examinada mais de perto, não é uma *facticidade*. Ela é, na verdade, o produto de uma compulsão. É somente o imperativo da verdade que apaga todas as luzes amigáveis. Quanto mais coercitivo ele se torna, mais escura fica a noite. É somente a compulsão para uma ordem sólida que faz com que a água pareça instável, indeterminada e traiçoeira. Sua maleabilidade e amabilidade não são propriamente percebidas.

Para Heidegger, Kant seria um pensador "genuíno" na medida em que olha para as profundezas e para os abismos do ser. Segundo Heidegger, o pensamento "ama" o abismo. Ele se deve à "clara coragem para a angústia essencial"[70]. O início do pensamento não é a

---

70 Heidegger, M. *Marcas do caminho*. Petrópolis: Vozes, 2008, p. 319.

confiança no mundo, mas a angústia. Assim, o pensamento bravamente se expõe à "voz silenciosa que nos dispõe para o espanto do abismo"[71]. A metáfora do mar abissal ao qual o pensamento deve corajosamente se expor também se encontra em Heidegger. Em sua viagem à Grécia, ele relembra Píndaro, que teria chamado Creta de "ilha que doma as ondas" ou a "cidade natal dos remadores habilidosos"[72]. Assim, o pensamento também terá que domar as ondas selvagens, pois ele se move nas "águas ondulosas de um mar"[73], no "abismo das vagas do mar"[74].

A imagem do espírito como um "cisne do mar" que luta corajosamente com o "mar infinito" em um "simples pedaço de madeira", sobre o "chão construído", não é encontrada entre os chineses. Zhuang Zhou também fala de navios

---

71 Ibid.

72 Heidegger, M. *Aufenthalte*. Frankfurt am Main: Vittorio Klostermann, 1989, p. 28.

73 Heidegger, M. *Was heißt Denken?*. Tübingen: Max Niemeyer Verlag, 1971, p. 169.

74 Heidegger, M. *Besinnung*. Gesamtausgabe, Abt. 3, vol. 66. Frankfurt am Main: Vittorio Klostermann, 1997, p. 241.

e do mar. Mas a *escala* aqui é completamente diferente. No primeiro livro, Zhuang Zhou fala do Mar do Norte, onde vive um peixe gigante. Ele se transforma em um pássaro gigante cujas asas têm uma extensão de mil milhas. Devido ao seu tamanho, ele já se distingue do pequeno e indefeso cisne do mar. O mar não tem nada de ameaçador, especialmente considerando o tamanho de seus habitantes. A relação com o mar é determinada por uma óptica completamente diferente. Zhuang Zhou observa que apenas uma folha de grama pode flutuar em uma poça d'água e que um corpo d'água raso não pode carregar um grande navio (*shui qian er zhou da*, 水淺而舟大, Z. Livro 1). Apenas um mar profundo pode carregá-lo e fazê-lo se mover. O pássaro gigante *peng* também só voa para altitudes elevadas para *ser carregado* pelos ventos fortes até o Mar do Sul Celestial. Devido ao seu tamanho, um vento forte não pode afetá-lo. Ele *flutua* no vento. Um vento fraco não tem força para *carregar* suas enormes asas (*feng zhi ji ye bu hou, ze qi fu da yi ye wu li*, 風之積也不厚 則其負大翼也無力, Z. Livro 1). Aqui, há uma inversão interessante da escala.

O espírito não é um cisne do mar enfrentando um mar imenso e hostil. Em vez disso, ele é tão *grande*, tão *abrangente* quanto o mar. Ele se une ao mar inteiro. Se ele *é* o mar, então este não oferece nenhuma ameaça. O espírito abrangente não é acometido por ventos violentos. Ao contrário, ele busca grandes ventos para elevar-se nas alturas.

Os habitantes do mundo de Zhuang Zhou frequentemente são aumentados até atingirem dimensões inimagináveis. Há um pescador que prende 50 bois como isca em sua vara de pescar e, agachado em uma montanha alta, os lança no Mar do Leste. O peixe capturado é gigantesco. Quando ele chicoteia a água com suas barbatanas, ondas brancas se elevam como montanhas. E toda a água do mar se transforma em espuma. Zhuang Zhou também fala de uma árvore cuja primavera e outono duram oito mil anos cada. Ela é contrastada com a pequena cigarra, que vive apenas um verão e, portanto, não conhece nem primavera nem outono. A árvore ultrapassa completamente sua imaginação. Então ela não a entende. Também é contada a história de uma árvore gigantesca, que, por ser tão nodosa, torta e emaranhada, escapa a qualquer utilidade. Huizi, que só vê sua inutilidade, responde a Zhuang Zhou perguntando por que ele não passeia sob a árvore em contemplação ou se deita à sombra dela para dormir. E o boi gigante, que se eleva poderosamente ao céu, é contrastado com a pequena doninha, que brinca imprudentemente e caça ratos até ser ela mesma morta na armadilha. O boi gigante é capaz de coisas grandiosas. Assim, ele não caça ratos. As próprias palavras de Zhuang Zhou são tão grandes que parecem inúteis (*da er wu yong*, 大而無用). Elas avançam sem retornar (*wang er bu fan*, 往而不反). Assim, elas não podem ser fixadas. Também se fala de uma abóbora gigante. Huizi reclama que, devido ao seu tamanho enorme, não se pode fazer uma concha com ela, e Zhuang Zhou lhe diz que ele é ignorante e por isso não sabe como lidar com o que é grande. Ele pergunta por que não faz barris flutuantes com a grande abóbora para atravessar rios e lagos. A conclusão de Zhuang Zhou é: o pequeno conhecimento não alcança o grande conhecimento (*xiao zhi bu ji da zhi*, 小知不及大知, Z. Livro 1).

É problemático que Richard Wilhelm chame o peixe gigante de Zhuang Zhou, *Kun*, de "Leviatã". Esse nome bíblico evoca imagens que não cabem de forma alguma no mundo de Zhuang Zhou. O monstro marinho do Antigo Testamento se rebela contra Deus, contra Sua criação. No imaginário do Antigo Testamento, o próprio mar é o símbolo do poder hostil a Deus, que ameaça a ordem divina[75]. O nome "Leviatã" evoca, portanto, a ideia de criação e caos, que é completamente estranha ao pensamento chinês. O peixe gigante também tem pouco em comum com os monstros marinhos do mundo grego, que são violentos, letais e imprevisíveis. É verdade que eles às vezes também estão associados ao saber e à sabedoria. Mas estes estão envoltos em mistério e enigma. Assim, as metamorfoses de Proteu servem para *esconder* seu saber. A *retração* é seu traço fundamental. Apenas com astúcia e

---

[75] Cf. *Apocalipse* 21: 1: "Vi então *um céu novo e uma nova terra* – pois o primeiro céu e a primeira terra se foram, e o mar já não existe" (*Bíblia de Jerusalém*. São Paulo: Paulus, 2002, p. 2165). Aparentemente, não só os gregos, mas também os judeus tomaram o mar, devido a sua ausência de figura e abissalidade, como símbolo de um poder que destrói a sólida ordem divina.

violência seu saber pode ser arrancado dele[76]. O conhecimento que as Sereias prometem[77] também está envolto em mistério e enigma. Ele vizinha a morte. Nesse aspecto, mesmo Heráclito, embora renuncie ao ser em favor do devir, é um pensador grego, uma vez que acredita que a natureza ama se esconder. A sabedoria chinesa, por outro lado, não se esconde. Não há retração escondendo-a no misterioso. Ao contrário, ela está sob a luz de uma evidência particular, na abertura do *ser-assim*, da *luminosa presença*.

---

76 Lê-se na *Odisseia*: "Te inteirarei no imenso rol de seus ardis. / As focas contará, sob escrutínio atento; / quando termine, a cada cinco, o exame, feito / pastor no meio das ovelhas, deitará. / Tão logo o vejas em decúbito, emprega / tua força toda para aprisioná-lo bem, / pois nada poupa em seu intuito de fugir. / Em tudo tentará se transmudar: nos seres / serpenteantes, água, fogo divoflâmeo. / Deveis aprisioná-lo com mais força ainda. / Quando ele mesmo te indagar reavendo a forma / em que antes o encontraste jazente com focas, / então liberta o velho paulatinamente, / ó herói, pergunta qual dos deuses te persegue, / como hás de retornar às ôndulas piscosas" (Homero, *Odisseia*. São Paulo: Editora 34, 2011, IV, 410-424, p. 118-119)

77 As Sereias gritam para Odisseu: "Aproxima, Odisseu plurifamoso, glória / argiva. Escuta nossa voz, a voz das duas! / Em negra nau, ninguém bordeja por aqui / sem auscultar o timbre-mel de nossa boca / e, em gáudio, viajar, ampliando sua sabença, [...] Quanto se dê na terra amplinutriz, sabemos" (Homero, *Odisseia*, XII, 184-191, p. 367).

A sobredimensionalização das coisas de Zhuang Zhou não tem a intenção de gerar um sentimento do sublime, que surgiria pelo fato de o objeto ultrapassar a medida imaginável. Kant chama de "sublime" o que é "*absolutamente grande*" (*absolute non comparative magnum*), o que é "*grande além de qualquer comparação*"[78]. O sentimento do sublime surge quando o objeto, devido ao seu tamanho, ultrapassa a capacidade da imaginação na estimação estética de grandeza. A imaginação não consegue compreendê-lo em uma imagem. Com o fracasso da representação, ela é levada para além de si mesma para outra faculdade cognitiva, a razão, que, por não depender da sensibilidade, é capaz de ideias, como a ideia do infinito, por exemplo. O sentimento do sublime se deve ao conflito entre imaginação e razão, entre o sensível e o suprassensível. Ele surge no momento em que o sensível é ultrapassado em direção ao suprassensível. É um sentimento vertical, um sentimento de transcendência. Deve-se à tensão dicotômica entre

---

[78] Kant, I. *Crítica da faculdade de julgar*. Petrópolis: Vozes, 2016, p. 144.

imanência e transcendência, entre fenômeno e númeno. Por outro lado, a sobredimensionalização das coisas de Zhuang Zhou não leva ao suprassensível ou à "ideia" do infinito. Não desemboca na exigência de "estimar como pequeno, em comparação com as ideias da razão, tudo aquilo que a natureza, como objeto dos sentidos, contém de grande para nós"[79]. A estratégia de sobredimensionalização de Zhuang Zhou é mais uma estratégia de deslimitação, de dessubstancialização, de esvaziamento e de desdiferenciação. Ser grande significa transcender as distinções rígidas e as oposições, além de qualquer posição definitiva, ou mesmo se desdiferenciar, tornando-se uma *amabilidade imparcial*. Quem é tão *grande quanto o mundo* não é impedido ou obstruído por nada *no* mundo. Aquele que, em vez de *habitar no* mundo, consegue se deslimitar até abranger o *mundo* não conhece idas e vindas, altos e baixos, nem memória e expectativa nem alegria e aversão nem afeição e repulsa. O ser-no-mundo tem que ceder lugar

---

79 Ibid., p. 154.

ao ser-mundo. Esse é também o significado de "colocar o mundo no mundo" (*zang tian xia yu tian xia*, 藏天下於天下). Ser-grande retira o "*Dasein*" (Heidegger) de sua estrutura de cuidado. Leva a um des-cuidado. O primeiro livro, no qual Zhuang Zhou permite que suas criaturas gigantes apareçam de modo tão abundante, trata precisamente de uma caminhada sem cuidado (*xiao yao you*, 逍遙遊). Fala de uma particular *ausência de esforço*, que seria o equivalente do Extremo Oriente ao conceito ocidental de "liberdade". Não há esforço porque não opomos nada ao mundo, mas nos unimos totalmente a ele.

Hegel observa que, apesar de a terra fazer fronteira com o mar, a China não tem uma relação positiva com este e que, para os chineses, o mar significa "apenas o término da terra". Ao contrário da suposição de Hegel, os chineses certamente têm uma relação positiva com o mar. No entanto, a transição da terra ao mar não é a transição "do firme para o instável", despertando um espírito de aventura ou provocando angústia e terror. É inerente ao pensamento chinês uma relação completamente diferente com o mundo. Ela não é marcada pela angústia, mas por uma profunda confiança no mundo.

O Livro 17 de Zhuang Zhou, "Águas de outono", que seria um tratado sobre a água e o mar, consiste em conversas entre o santo do rio e o do mar, com este último ocupando a posição do sábio ou do conhecedor. O livro começa da seguinte maneira:

> A época das águas de outono havia chegado, centenas de riachos selvagens despejavam-se no rio amarelo. A corrente avolumada e turva revolvia entre suas duas margens, de modo que, de um lado para o outro, não se podia mais distinguir um boi de um cavalo. Com isso, o deus do rio se encheu de alegria, sentindo que toda a beleza do mundo estava ao seu dispor.

Devido às margens inundadas, o boi de um lado não pode ser distinguido do cavalo do outro lado (*bu bian niu ma*, 不辨牛馬, Z. Livro 17). Curiosamente, a água que se avoluma e que faz as diferenças desaparecerem não é percebida como uma ameaça. Ao contrário, é belo que o boi e o cavalo mal se distingam, que as coisas se fundam umas nas outras. A beleza não está na separação clara, mas na transição para a in-diferença.

*O mar escurece,
o chamado dos patos selvagens
parece
brilhar de branco.*
Bashō

No Extremo Oriente, a água e o mar ocupam campos semânticos completamente diferentes. Eles representam símbolos de processos e relações completamente diferentes. Muitas vezes, eles figuram como um meio de in-diferença. A água é in-diferente na medida em que não possui *em si* uma forma. Ela não tem interioridade. Assim, ela está em oposição à *essência* que *se* afirma, que, permanecendo *consigo mesma*, se diferencia do outro ou resiste a ele. A água não tem uma forma *própria*. Mas está longe de ser "amorfa". Na verdade, ela está sempre formada. Ela assume as formas do outro para se desdobrar. Ela é amigável porque, em vez de pôr a si mesma, se adapta a todas as formas. Como não tem firmeza, a água não exerce coerção. Ela é flexível e maleável. Assim, ela não encontra resistência. Por não *se* afirmar, não resistir a nada, não se opor a nada, ela não entra em conflito (*bu zheng*, 不争, L. §8). Assim, a maior bondade é como a água (*shang shan ruo shui*, 上善若水). Por não ser nada, não ter uma forma firme nem interioridade, enfim, ser *au-sente*, ela pode estar em toda parte e ser tudo. O duro quebra facilmente, provoca resistência. Aquele que exerce pressões sofre pressões. A água supera obstáculos cedendo. Desdobra-se curvando-se. Como escreve Laozi: o fraco vence o forte, e o suave vence o duro (*ruo zhi sheng qiang, rou zhi sheng gang*, 弱之勝強 柔之勝剛, L. §78).

O mar simboliza aquele *espaço de imanência mundana da in-diferença*, a partir do qual as coisas se delineiam e para o qual elas voltam a fluir. É-lhe inerente uma força formativa. Mas ela não leva a distinções definitivas nem a oposições rígidas. À pergunta do santo do rio se o céu e a terra são considerados grandes e a ponta de um cabelo pequena, o santo do mar responde:

> Não, no interior do mundo das coisas reais não há padrões delimitados, não há tempo estagnado, não há estados permanentes, não há fixação de fim e começo. Portanto, quem possui a sabedoria suprema enxerga da mesma forma o distante e o próximo, de modo que, para ele, o pequeno não

parece insignificante e o grande não parece importante, pois ele reconhece que não existem padrões rigidamente delimitados[80].

O próprio chinês antigo é uma língua da in-diferença, uma língua fluente, uma língua do fluxo. É extremamente mutável e rico em transições, estágios intermediários e cruzamentos. Os valores gramaticais dos símbolos chineses antigos não podem ser definidos de forma inequívoca. Eles estão situados em um contínuo. Alguns símbolos mostram uma preferência forte por uma determinada função gramatical. Mas a maioria dos símbolos apresenta uma flexibilidade muito alta. Assim, o símbolo *da* (grande, 大) pode aparecer como verbo, adjetivo, substantivo ou advérbio. Um estado gramatical flutuante não é incomum. O valor gramatical de um símbolo não é uma *propriedade* fixa dele. Ao contrário, ele surge da relação, isto é, do contexto. Assim, não é possível reconhecer imediatamente o valor gramatical de um símbolo. As significações dos símbolos

---

80 Zhuang Zhou. *Das wahre Buch vom südlichen Blütenland*, p. 181.

chineses antigos também não são unívocas. O símbolo *wei* (为) oscila entre o transitivo e o intransitivo, entre o ativo e o passivo. O símbolo *er* (而) significa tanto "e" ou "então" quanto "mas". Portanto, ele marca uma transição, uma articulação, uma mudança, por assim dizer, sem que a direção da continuação seja definida.

A essência não apenas gera uma tensão profunda entre interioridade e exterioridade, mas também uma tensão lateral entre identidade e diferença. Ela permite que o uno, permanecendo consigo mesmo, se diferencie completamente do outro. Contornos firmes delineiam a essência. O vazio é a contrafigura dessa essência. Ele *ausencia* o mundo. O chinês antigo é ele mesmo uma língua do vazio e da ausência. Seus símbolos representam elementos extremamente móveis, que não trazem em si uma característica essencial fixa. Sua identidade só se delineia em uma constelação específica. Quando são retirados de sua posição, eles retornam a sua in-diferença.

No chinês antigo, os símbolos que não possuem uma identidade lexical fixa são chamados de "símbolos vazios" (*xu ci*, 虛辭).

Enquanto partículas, eles operam como um agente de ligação ou deslizamento linguístico, que se encarrega da construção da estrutura ou atmosfera da frase (*yu qi*, 語氣). Eles têm uma contribuição essencial para a versatilidade e plasticidade do chinês antigo. Sem eles, a língua se solidificaria em estruturas rígidas e unidimensionais. É interessante que eles sejam chamados de símbolos "vazios". O termo "vazio", *xu*, não significa que lhes *falte* um significado. Não é uma negação. Ao contrário, ele está associado a algo positivo. A água também é vazia porque não possui uma forma própria. Mas é precisamente por essa vacuidade que ela pode carregar, mover e vivificar tudo. Os símbolos vazios funcionam como a água, que também não tem em si uma forma.

O chinês antigo também faz a distinção entre símbolos vivos (*huo zi*, 活字) e mortos (*si zi*, 死字). Os mortos são símbolos que expressam um estado nominal ou adjetivo. Os vivos, por outro lado, são símbolos que expressam uma processualidade verbal. Palavras vivas (*huo ju*, 活句) também se referem a expressões que se desviam das regras habituais, que se abrem para configurações semânticas especiais. Por outro lado, palavras que só permitem um único significado são chamadas de palavras mortas (*si ju*, 死句). Os chineses veem o idêntico, o imutável, o persistente ou o duradouro como morto. Por outro lado, transformações, mudanças, transições ou estados de in-diferença são afirmados como vivos ou vivificantes. Para a percepção do Extremo Oriente em geral, a *vitalidade* não se manifesta como uma força de persistência, mas como uma força de transformação e mudança. A *luz*, que aparece com tanta frequência como metáfora no pensamento ocidental, não é capaz de transmitir essa vitalidade. É verdade que o elemento da luz não é tão sólido quanto a terra. Mas a luz possui uma rigidez. As propriedades da água correspondem exatamente a essa vitalidade. Essa é precisamente a razão pela qual a figura da água é tão recorrente no pensamento do Extremo Oriente. Por outro lado, termos como base ou fundamento, que remetem à persistência, não fazem parte do vocabulário do pensamento do Extremo Oriente.

No chinês antigo, os símbolos, muitas vezes envoltos por um halo de indeterminação, ou mesmo de in-diferença, são concatenados de acordo com uma lógica muito sutil, que dificilmente pode ser capturada por um conjunto de regras gramaticais. Ao contrário das línguas ocidentais, nas quais as palavras são como que encadeadas sem qualquer possibilidade de desvio, os símbolos do chinês antigo possuem interstícios que os tornam muito flexíveis. Os interstícios livres, ou melhor, os espaços de in-diferença, tornam difícil a atribuição de um significado unívoco ou a determinação inequívoca de seu valor gramatical. Mas, em contrapartida, eles conferem à língua uma elegância e uma vivacidade. O chinês antigo desenvolveu uma estilística e uma estética particulares. As elipses e a concisão da expressão têm efeitos belos e nobres. O chinês antigo brilha em uma concisão críptica ou telegráfica. No entanto, trata-se de uma criptografia sem segredo e de uma telegrafia sem pressa. Apenas o essencial é expresso. Assim, no chinês antigo, a poética e a economia coincidem. O estilo linguístico é gracioso, falando em tons intermediários, ou melhor, em significados intermediários, abrindo-se para transições em vez de estabelecer fronteiras nítidas, concatenando em vez de subsumir, fluindo em vez de fixar ou firmar.

Tanto o significado quanto o valor gramatical de um símbolo no chinês antigo surgem apenas de sua posição na estrutura da frase. Assim, eles não representam uma propriedade fixa de um símbolo. O pensamento chinês também não atribui uma essencialidade imutável às coisas. Elas se comportam como símbolos vazios. Elas não são o portador de uma substância. Ao contrário, elas são *por si mesmas au-sentes* ou *in-diferentes*. Somente uma determinada constelação lhes provê uma identidade, um caráter determinado. Não é por acaso que os símbolos que não têm um significado fixo são chamados de "vazios". O vazio é um *tópos* do pensamento chinês. O vazio taoísta, *xu* (虛), parece o símbolo vazio em sua forma mais extrema, o mais vazio de todos os símbolos, que, a partir do estado de in-diferença, seria capaz de assumir qualquer forma gramatical e até mesmo de se transformar em qualquer símbolo.

O estado de in-diferença[81] é chamado por Zhuang Zhou de *Hundun* (渾沌). Curiosamente, tanto o símbolo *hun* (渾) quanto o símbolo *dun* (沌) remetem à água na metade esquerda. O Hundun personificado reside no "meio" (*zhong yang*, 中央) entre o Mar do Sul e o Mar do Norte. Ele foi muito hospitaleiro com o governante do Mar do Norte, Shu, e com o do Mar do Sul, Hu. Assim, eles pensaram em como poderiam recompensar Hundun por isso. Como ele não tinha aberturas para ver, ouvir, comer e respirar, decidiram equipá-lo com elas. Assim, todos os dias eles perfuravam uma abertura nele. Mas, no sétimo dia, Hundun morreu. Essa anedota é rica em significados. A amabilidade e a bondade (*shan*, 善) de Hundun decorrem precisamente do fato de ele não ter abertura, isto é, nenhum órgão de distinção e julgamento. Como governante do meio (*zhong yang zhi di*, 中央之帝, Z. Livro 7), ele é in-diferente e imparcial. O

---

81 Esse estado de indivisão, contudo, não é o caos. A representação do caos, ou a dicotomia entre caos e ordem, é estranha ao pensamento chinês.

"meio" que ele habita não é um meio numérico ou geométrico, ou seja, não é um meio quantitativo. Ao contrário, ele tem o significado de *mediação*. Ele age de forma equilibrada e harmonizadora. Sete aberturas, isto é, sete órgãos de distinção, destroem sua in-diferença, ou seja, sua amabilidade e bondade.

O mar não é um símbolo de caos ou abismo para os chineses, nem um lugar de mistério e enigma que seduz para a aventura. Não é o mar de Odisseu nem o mar de Kant ou Hegel. Ao contrário, ele é um lugar de in-diferença, um lugar do ilimitado e do inesgotável. A transição da terra para o mar no Extremo Oriente não é vista como uma transição do firme para o instável, mas como uma transição do limitado para o inesgotável e abrangente, da diferença para a in-diferença, da plenitude para o vazio, da presença para a ausência, da retenção para a serenidade. Isso não se aplica apenas ao taoísmo, mas também ao zen budismo. O momento do *satori* (iluminação) é o de uma grande transição, em que um sentimento oceânico se estabelece.

> De um só golpe, o grande céu desmorona abruptamente em destroços. Sagrado, mundano, desaparecidos sem deixar rastro. […] diante do templo, a lua brilhante resplandece e o vento sussurra. Todas as águas de todos os rios desembocam no grande mar.

Para os chineses, a água ou o mar são o símbolo daquela forma de pensar ou comportar-se que, a cada vez, se adapta situacionalmente à mudança do mundo e à alternância das coisas. O mundo *não é abissal*. É apenas *múltiplo* em suas manifestações. Ele não é um *ser*, mas um *caminho* que constantemente muda seu curso. O pensamento do Extremo Oriente não gira em torno do idêntico. Assim, as mudanças e transformações não são vistas como uma ameaça. Elas apenas representam o curso natural das coisas ao qual é preciso se adaptar. É um pensamento constelativo, ou em constelações, que é impossível subsumir a um princípio idêntico. Ele não se orienta por coordenadas imutáveis. Ao contrário, é preciso reconhecer oportunamente a respectiva constelação e reagir adequadamente a ela. Ao contrário desse pensamento re-ativo e que re-age, o pensamento ocidental é um pensamento ativo e que age, que ataca o mundo a partir de um ponto de vista fixo, ou melhor, que *se ancora no mundo*. Os sábios chineses não *se ancoram* no mundo como aqueles navegadores aventureiros, mas se adaptam a ele. É preciso manter o pensamento o mais flexível possível, abrindo-se para a multiplicidade de possibilidades. O pensamento do Extremo Oriente é amável no sentido de que não se prende a princípios e regras. E sua sabedoria é lenta. Devido à ausência de regras fixas, a hesitação faz parte de sua essência. A sabedoria é um *conhecimento hesitante*. A lentidão e a amabilidade são o ritmo do pensamento do Extremo Oriente. Nesse sentido, Nietzsche também não foi um pensador amável em relação à lentidão. Em um fragmento, Nietzsche escreve: "A mulher reage mais lentamente do que o homem, o chinês, mais lentamente do que o europeu..."[82].

Apesar de sua revisão radical, ou melhor, apesar de sua inversão do pensamento greco-metafísico, Nietzsche permaneceu um pensador ocidental, isto é, um Odisseu. Suas abun-

---

82 Nietzsche, F. *Nachgelassene Fragmente 188-1889*. KGW, Abt. VIII, vol. 3. Berlim/Nova York: De Gruyter, 1972, p. 44.

dantes metáforas do mar e da viagem de navio revelam eloquentemente sua origem grega. Um heroísmo e ativismo dominam sua relação com o mar:

> Que lenta torna-se para mim toda linguagem. É em tua carruagem que eu salto, tempestade! E a ti também quero fustigar-te ainda com a minha maldade! Quero passar por vastos mares como uma exclamação ou um grito de alegria, até encontrar as ilhas bem-aventuradas, onde moram os meus amigos...[83]

Um anelo, um impulso incontrolável pelo desconhecido, pelo mistério e pelo enigma, impelem Nietzsche ao mar: "se trago em mim essa paixão investigadora que impele a vela para terras desconhecidas; se há na minha paixão um tanto da paixão do navegante [...]"[84]. Pensar ainda é zarpar, embarcar no desconhecido: "nunca vistes correr sobre o mar uma vela redonda e enfumada, fremente sob a impetuosidade do vento? Igual à vela, fremente sob a impetuosidade do espírito, vede-a correr sobre o mar, minha sabedoria, minha selvagem sabe-

---

83 Nietzsche, F. *Assim falava Zaratustra*. Petrópolis: Vozes, 2011, p. 116.

84 Ibid., p. 299.

doria"[85]. Apropriação e tomada de posse continuam a determinar a relação com o mundo:

> […] se é verdade que o mundo é um sombrio bosque povoado de animais ferozes, o jardim de delícias de todos os ferozes caçadores, para mim parece-me mais a um mar sem fundo, um mar cheio de coloridos peixes e de caranguejos, que os próprios deuses cobiçariam a ponto de se tornarem pescadores e lançarem suas redes: tão rico é o mundo em prodígios grandes e pequenos […][86].

Para Nietzsche, a questão é sempre o "grande anelo". O "anelo" é estranho ao Extremo Oriente. Ele não conhece um *alhures* radical para o qual se pudesse embarcar. Em um mundo sem mistério e enigma, em plena abertura do céu, em plena evidência do *ser-assim*, nem o anelo nem o espírito de aventura são despertados. A cultura do Extremo Oriente não é uma cultura da paixão e do anelo. Assim, o pensamento do Extremo Oriente também é voltado ao *cotidiano* em um sentido específico, ao aqui e agora.

---

85 Ibid., p. 144.

86 Ibid., p. 304.

A visão da água também deve ter lembrado repetidamente a Confúcio que não há uma ordem fixa sob o céu, nenhum estado permanente: "o mestre estava à beira de um rio e disse: 'assim tudo flui incessantemente, dia e noite!'" (*bu she zhou ye*, 不舍晝夜, Confúcio, Livro 9). *She* (舍) também significa casa e habitação. A água *não habita*. Ela é *au-sente*. Confúcio também poderia ter ensinado assim. Ele não se orienta por regras e princípios imutáveis e gerais. Ao contrário, ele se adapta à respectiva situação. Assim, seu discurso não tem rigidez alguma. Uma vez, ele disse a seus alunos: "para mim, não há nada que seja absolutamente possível ou absolutamente impossível" (*wu ke wu bu ke*, 無可無不可, Confúcio, Livro 18). Ele tampouco conhece o absolutamente necessário (*wu bi*, 毋必, Confúcio, Livro 9). Confúcio evita qualquer coisa definitiva. Assim, ele também não tem opiniões firmes (*wu yi*, 毋意). Ele não conhece a retenção (*wu gu*, 毋固). Confúcio também nunca define. A definição é o método que leva do particular ao geral. Seu discurso não conhece uma continuação argumentativa. Em vez de levar a algum lugar, ele parece apontar incessantemente para o *caminho*. Apesar de sua concisão, suas observações não são aforísticas. Os aforismos têm uma certa agudeza de pensamento. Por outro lado, as palavras de Confúcio são redondas, por assim dizer, não se pode afiá-las.

No último capítulo da *Crítica da razão prática*, Kant caracteriza a ciência como uma doutrina da sabedoria: "a ciência (buscada criticamente e introduzida metodicamente) é a porta estreita que conduz à doutrina da sabedoria"[87]. A filosofia, segundo Kant, é a guardiã dessa ciência rigorosa. No entanto, na falta da matemática, ela trabalha com um método semelhante ao da química, a saber, com a "separação"[88].

---

87 Kant, I. *Crítica da razão prática*. São Paulo: WMF Martins Fontes, 2016, p. 258.

88 Com efeito, separação e distinção são os traços fundamentais do pensamento greco-ocidental. O "ser" parmenidiano é ele mesmo um produto da separação (em grego, *krinein*): "que a deusa da verdade, que guia Parmênides, o coloque diante de dois caminhos, um do descobrimento e outro do encobrimento, isso significa simplesmente que a presença já está sempre na verdade e na não verdade. O caminho do descobrimento só é conquistado no κρίνειν λόγω, na cisão compreensiva entre ambos e no decidir-se por um deles" (Heidegger, M. *Ser e tempo*. Petrópolis: Vozes, 2015, p. 293-294).

Como um "artista da separação", o filósofo tem que isolar algo constante, uma lei ou princípio geral, a partir da multiplicidade empírica. Por meio da separação e da distinção, o pensamento tem que avançar para uma camada estável. Nisso, o artista da separação de Kant não difere essencialmente do geólogo cartesiano, que cava em busca de um fundamento estável, ou melhor, inabalável. No *Discurso do método*, Descartes escreve: "[...] todo o meu intuito tendia tão-somente a me certificar e remover a terra movediça e a areia, para encontrar a rocha ou a argila"[89]. O Deus de Descartes não é nada além do guardião ou garantidor da certeza concebida como imutabilidade:

> Também sabemos que Deus é a perfeição, não só por ser de natureza imutável, mas sobretudo porque age de uma maneira que nunca muda, e isso é tão verdade que, excetuando os movimentos e mutações que vemos no mundo [...], não devemos imaginar outros na Sua obra, sob pena de Lhe atribuirmos inconstância[90].

---

89 Descartes, R. *Discurso do método para bem conduzir a própria razão e procurar a verdade nas ciências*. *In*: Descartes, R. *Textos selecionados*. São Paulo: Abril Cultural, 1983, p. 44.

90 Descartes, R. *Princípios da filosofia*. Lisboa: Edições 70, 1997, p. 76.

O pensamento se esforça para secar completamente o mundo pantanoso, dar-lhe contornos firmes, fazê-lo entrar à força em formas fixas. Trata-se de tentar *terrestrializar* o pensamento, *territorializá-lo*, o que seria equivalente à tentativa de *teologizá-lo*. Por outro lado, o pensamento do Extremo Oriente segue o impulso de situar o pensamento além de formas fixas, de *desterritorializá-lo*, *des-terrestrializá-lo*, ou melhor, de *oceanizá-lo*.

A própria culinária do Extremo Oriente é uma culinária desterritorializada. Aqui, tudo é cortado em pequenos pedaços. Os mais variados ingredientes, pedaços de legumes, cogumelos, aves e peixes, são reunidos em combinações inventivas e coloridas. Dificilmente algo firme ou volumoso chega ao prato para ser *desmembrado* com uma faca afiada. O processo de comer não envolve *espetar* com o garfo, mas *envolver* com pauzinhos. Além disso, a culinária do Extremo Oriente não possui um centro. Ela se decompõe, por assim dizer, em fragmentos ou eventos paralelos. Ela também é desterritorializada no sentido de que a mão e o olhar, em vez de se concentrarem no próprio prato, vagueiam de prato em prato. As muitas iguarias pertencem a todos, ou melhor, a ninguém. Assim, a culinária do Extremo Oriente também tem um efeito de dessubjetivação ou desindividualização. Por outro lado, na culinária ocidental, todos os processos e utensílios da alimentação servem para territorializá-la e individualizá-la.

Kant foi um pensador do medo. Um medo abissal deve tê-lo assombrado o tempo todo. O velho Kant foi tomado pelo medo até mesmo diante de uma sopa rala. Ele se queixou, dizendo que havia nela muito mar e faltava terra firme. Ao ver uma sobremesa de pudim, ele até exclamou: "exijo uma figura, uma figura determinada". O velho Kant também entrava em pânico e desespero quando uma tesoura em sua mesa ou uma cadeira estavam fora do lugar. Parece que o velho Kant perdeu toda confiança no mundo. Pelo menos na sopa ele poderia ter se ancorado sem hesitação. Como ele poderia ter suportado a visão daquela clara sopa japonesa, cujo vazio e nada Roland Barthes descreve de forma tão deliciosa?

Mas aqui a leveza do caldo, fluido como água, a poeira de soja ou de feijões que nele se desloca, a raridade dos dois ou três sólidos (talo de erva, filamento de legume, parcela de peixe) que dividem, flutuando, essa pequena quantidade de água, dão a ideia de uma densidade clara, de uma nutritividade sem gordura, de um elixir reconfortante pela pureza: algo de aquático (mais do que aquoso), de delicadamente marinho, traz um pensamento de fonte, de vitalidade profunda[91].

---

91 Barthes, R. *O império dos signos*. São Paulo: WWF Martins Fontes, 2007, p. 22.

Fazer e acontecer
Para além de ativo e passivo

> *Sempre acontece alguma coisa que produz um som. Ninguém pode ter uma ideia assim que efetivamente começa a ouvir.*
> John Cage

Algumas expressões linguísticas que são completamente naturais no Ocidente raramente são usadas nas línguas do Extremo Oriente. Na Coreia, por exemplo, não se diz: "Eu penso que…" Gramaticalmente, essa expressão é possível. Mas soa muito incomum. Em vez disso, diz-se: *seng-gak-i-dunda*, uma expressão que é impossível de traduzir para o português. Em português, seria algo como: "o pensamento se estabeleceu em mim". Mas, estritamente falando, essa tradução é incorreta, pois, com o pronome reflexivo "se", o pensamento foi subjetivado. A expressão coreana carece de qualquer subjetividade. Seria igualmente incorreto traduzir como: "o pensamento me veio". Essa tradução prescinde do pronome reflexivo. Mas o verbo "vir" novamente sugere algo subjetivo. E o dativo "me" enfatiza o sujeito receptivo e passivo. Por outro lado, a expressão coreana não contém nenhuma indicação de um destinatário. Igualmente problemática é a tradução: "o pensamento me ocorreu". Tanto o dativo "me" quanto o verbo "ocorrer" acabam forçando novamente a expressão coreana, à qual é inerente uma amplitude sem sujeito, a se limitar à estrutura subjetiva. Além disso, falta à expressão coreana o movimento de um pensamento que ocorre a alguém. O pensamento está lá de alguma forma sem minha intervenção. Ele está lá, sem se impor a mim ou a alguém. Não há um sujeito passivo que sofra algo que acontece. O que é expresso é simplesmente um "estar aí", no qual na verdade não há *ninguém envolvido*.

No coreano, um pensamento raramente é destacado ou sublinhado como meu *próprio*. O falante de certa forma se faz completamente ausente. Ele se retira para um permanente "parece-ser-assim", que, no entanto, não significa uma relativização da verdade. Esse "parece-ser-assim", que evita qualquer incondicionalidade, qualquer caráter definitivo, é um absoluto semblante, na medida em que ninguém é capaz de transformá-lo em um inequívoco "é-assim" da verdade. A verdade cede lugar a um "parece-ser-assim". Além disso, a retração para o "parece-ser-assim" é uma expressão de cortesia. A verdade é *descortês*. Ela vem sem rodeios. Ela se anuncia sem hesitação alguma.

Quando alguém diz em português "eu vejo o mar", isso está longe de ser incomum. Mas, em coreano, soa muito estranho. Em vez disso, diz-se *bada-ga-bo-inda*. Essa expressão tampouco pode ser traduzida para o português. "O mar está visível" ou "o mar aparece para mim" não são traduções adequadas. A diferença entre o sujeito que vê e o objeto visto é inequívoca demais. A expressão coreana não aponta explicitamente para um sujeito *para quem* um objeto aparece. A visão do mar está presente, está lá. O "olhar para", por sua vez, possui uma direção forte demais. A forma de percepção subjacente à expressão coreana não tem um objeto que lhe seja oposto. Além disso, ela não tem *direção*. Ela é aperspectiva. Nenhum sujeito assume uma posição de onde um objeto é *olhado*. O mar está lá. Eu sou, no máximo, um espaço de ressonância tranquilo para esse "lá". Essa expressão abre uma amplitude sem sujeito, que desapareceria completamente na tradução "eu vejo o mar". Os verbos como *dunda* ou *bo--inda* também não indicam a voz passiva. A língua coreana não faz uma distinção inequívoca entre voz ativa e passiva. Em contrapartida, ela pode expressar muito bem o caráter acontecimental, no qual não há o envolvimento de um sujeito que age ou padece, um acontecimento que simplesmente *tem* lugar. Esse "ter" já seria ativo demais. Nas línguas do Extremo Oriente, o sujeito muitas vezes é completamente omitido. Assim, o verbo frequentemente fica sozinho, o que torna impossível uma atribuição inequívoca de uma ação a um sujeito. Devido à ausência frequente do sujeito, a descrição de uma *ação* muitas vezes parece uma sequência de *eventos* ou *acontecimentos* nos quais ninguém está propriamente envolvido.

No chinês antigo, os verbos também se encontram frequentemente em uma in-diferença entre voz ativa e passiva. Para expressar a voz passiva, são usadas partículas passivas como *jian* (見, literalmente, "ver") ou *bei* (被, literalmente, "sofrer"). Por exemplo, diz-se *jian wu* (見惡, literalmente, "ver odiar") para "ser odiado". A voz passiva não necessariamente precisa ser marcada por uma partícula. A relação passiva também pode ser deduzida simplesmente do sentido geral da frase. A voz passiva expressa por partículas gramaticais era rara antes da Dinastia Qin. A relação passiva era simplesmente indicada mencionando-se um agente após uma preposição, como *yu* (於), sem que o verbo expressasse a relação passiva ou ativa. Por exemplo: *xiao ren yi yu wu* (小人役於物) – "o ser humano comum é escravizado *pelas* (*yu*) coisas mundanas". No chinês, o verbo *yi* (escravizar) está no infinitivo. Ele não é nem passivo nem ativo.

A construção portuguesa na voz passiva "ela é amada" expressa algo completamente diferente da voz passiva em chinês, que literalmente seria "ela vê amar". A voz passiva em português, ou melhor, a voz passiva nas línguas ocidentais, alcança um nível mais profundo. Ela designa uma *condição*, um *estado* de uma pessoa. A expressão "ela é amada" penetra, por assim dizer, todo o corpo, toca cada fibra muscular e nervosa de uma pessoa. A voz passiva chinesa não possui essa *profundidade*, essa energia penetrante e o caráter resoluto da *flexão*. A flexão (literalmente, dobrar e curvar) não deve ser entendida apenas gramaticalmente, mas também física e psicologicamente. Ela molda, flexiona, dobra e curva não apenas o verbo, mas também o corpo e a alma. A construção chinesa na voz passiva "ela vê amar", por outro lado, caracteriza mais uma *atenção a um acontecimento*. Ela não *flexiona* a "alma".

No japonês também existe uma forma verbal que não é nem passiva nem ativa. Chamada de *jihatsu*, ela designa um acontecimento que se dá como que por si só. O pronome reflexivo em "dar-se" novamente aniquila o caráter acontecimental que ela expressa. Nenhum sujeito *se* manifesta no acontecimento. Em português, não se pode *escapar* do sujeito. Portanto, esse acontecimento sem sujeito pode ser chamado de "escape". Mas também poderia ser chamado de "ausência". Afinal, a essência é algo que *se* afirma e, assim, se diferencia do outro. Ela é uma contrafigura da in-diferença. Escape e ausência representam um acontecimento que simplesmente está lá sem que eu note, sem que eu o cause ou autorize expressamente, sem que eu o sofra explicitamente, ou seja, além do sujeito e do objeto, além da atividade e da passividade. Então, escrever também não é mais uma ação, mas um acontecimento sem sujeito. Sem meu conhecimento, sem minha intenção, ele se realiza como que por si só. O famoso livro de Yoshida Kenkō, *Ensaios da ociosidade*, começa com a seguinte observação: "quando estou sozinho e no ócio, passo o dia inteiro diante da minha caixa de tinta e escrevo tudo o que me passa pela cabeça, sem conexão e sem uma intenção específica. Isso sempre me deixa bastante intrigado"[92]. Intrigado porque se trata de um escape, de uma ausência. Algo acontece sem minha ação,

---

92 Kenkō, Y. *Betrachtungen aus der Stille*. Frankfurt am Main: Insel, 1963, p. 5.

sem minha intenção, sem minha vontade, até mesmo sem mim. Algo está presente sem que eu o tenha criado ou sofrido. Assim, eu me surpreendo com isso posteriormente.

A cultura ocidental não é simplesmente uma cultura da voz ativa, que seria contraposta à cultura do Extremo Oriente como uma cultura da voz passiva. A voz ativa e a passiva são irmãs. Elas ocorrem juntas. Quanto mais brilhante é a voz ativa, mais escura se torna a passiva. Elas se relacionam entre si como luz e sombra, montanha e vale. Uma voz passiva bem-marcada só é possível em uma língua, em uma cultura à qual é inerente a ênfase na voz ativa, o caráter resoluto de um sujeito que age heroicamente. Quando muito, a cultura do Extremo Oriente é uma cultura da in-diferença entre voz ativa e voz passiva. Raramente há aqui expressões explicitamente passivas ou ativas, ou seja, que designam um contexto de *ação*. A maioria das expressões recua para a in-diferença de um *acontecimento* singular, que é *sem vítima e perpetrador, sem culpa e expiação*.

No grego antigo, para dizer "está chovendo", diz-se *Zeus* ou *ho theos huei* (Zeus ou o

Fig 13: A escrita como acontecimento

deus faz chover). Esse sujeito divino transforma o acontecimento em uma ação. Parece que o pensamento ocidental tem dificuldade em pensar um acontecimento sem sujeito, um ser-assim, um mero estar aí. O *es* do alemão[93], como um sujeito fantasma, é um reflexo vazio desse pensamento subjetivante. No chinês antigo, por outro lado, há apenas um único símbolo, *yu*, para "está chovendo", que significa "chuva" ou "chover".

yu 雨

O símbolo representa apenas gotas de chuva caindo. Não indica *ninguém* fazendo chover. Os chineses desenham algumas gotas de chuva no papel. O símbolo *yu* é uma representação muito prosaica, uma simples atenção a um acontecimento, a um ser-assim, que simplesmente está aí. Só se vê algumas gotas de chuva. Ele *registra* gotas de chuva caindo. Ele se contenta com essa

---

93 O pronome pessoal neutro *es*, tal como o *it* no inglês, é utilizado, entre outras coisas, para a construção de orações sem sujeito, como no exemplo empregado no parágrafo: "está chovendo" (*es regnet*). Ainda que seja muitas vezes traduzido como "isso", optamos por deixar o termo em alemão, já que no exemplo trabalhado pelo autor essa tradução seria impossível [N.T.].

visibilidade. Chuva – *assim… Nada mais.* Essa sobriedade, essa contenção, não é de forma alguma óbvia. Seria mais simples pôr um sujeito, o que teria um efeito *explicativo*. Nenhum deus, nenhum sujeito vazio perturba a maravilhosa tranquilidade do *yu*, essa ausência reconfortante. A chuva como um acontecimento é um simples *assim*. Ele é *plano*, de modo que nenhum sujeito, nenhum *es* "demoníaco" ou "enigmático"[94], nenhum deus, ocuparia espaço ali.

> *Na chuva de verão*
> *os sapos vêm*
> *até a porta da frente.*

O pensamento taoísta também se esforça para retirar das coisas qualquer caráter de ação. O famoso cozinheiro de Zhuang Zhou desmembra o boi passando a faca pelos espaços já existentes nas articulações. Zhuang Zhou ten-

---

94 Cf. Heidegger, M. *Zur Sache des Denkens*. Tübingen: Max Niemeyer, 1976, p. 19: "Mas o que significa este '*es*'? A linguística e a filosofia da linguagem têm refletido extensivamente sobre isso, sem que uma clarificação válida tenha sido encontrada. A esfera de significado implícita no '*es*' vai desde o trivial até o demoníaco". Parece que Heidegger tem dificuldade em se despedir completamente da figura do sujeito. No "*es*", ele enxerga um supersujeito demoníaco ainda preso à antiga estrutura da subjetividade.

ta, como se esse corte sem esforço já mostrasse atividade demais, retratar o desmembramento do animal como algo puramente acontecimental. Assim, o cozinheiro de Zhuang Zhou praticamente só garante que o boi se desmantele *como que por si só*. Suas partes caem no chão como um monte de terra (*zhe ran yi jie, ru tu wei di*, 磔然已解 如土委地, Z. Livro 3). Curiosamente, *zhe ran* é uma onomatopeia. Ela imita o som que ocorre quando algo se desmantela. É um som que remete a um *acontecimento*. Ele transforma o ato de desmembrar em um acontecimento sem sujeito. Depois de o boi ter se desmembrado como que por si só, o cozinheiro olha em volta e fica ali como que esquecido de si mesmo (*wei zhi si gu, wei zhi chou chu*, 為之四顧 為之躊躇). Ele fica surpreso com o acontecimento que ocorreu quase sem a sua intervenção. Ele parece se sentir tão intrigado quanto o autor dos *Ensaios da ociosidade*.

Curiosamente, a forma verbal japonesa que expressa o acontecimento também é usada para o honorífico, para a forma de cortesia (*sonkei*). Mas não há uma explicação convincente sobre por que o acontecimento sem ação e a nobreza estão relacionados. Um japonólogo alemão[95], por exemplo, sugere que a nobreza do senhor reside no fato de ele ter servos aos quais delega o trabalho, ou seja, em vez de ele mesmo fazer, ele faz os outros fazerem. Essa explicação não é convincente. É mais plausível supor que o acontecimento sem intenção, enquanto tal, tem algo de nobre, enquanto que a atividade ou o ativismo não parecem nobres para a sensibilidade do Extremo Oriente. Nobre é a *retirada*, o desaparecimento e o recuo para trás do acontecimento que ocorre sem qualquer intenção, sem qualquer intervenção, sem qualquer vontade, sem qualquer ênfase na ação. Nobre é a *ausência*. Portanto, nem o senhor nem seu servo são nobres. Tanto o trabalhar quanto o fazer trabalhar seguem a lógica do fazer. Nobre é justamente o que se eleva além da dialética do senhor e do escravo. O sujeito, em sua significação original, é tanto senhor quanto servo, tanto ativo quanto passivo. A expressão francesa *sujet à…* signi-

---

95 Cf. Lewin, B. *Abriß der japanischen Grammatik*. Wiesbaden: Harrosowitz, 1996.

fica "ser sujeitado". Pode-se dizer também: o sujeito é um servo que se imagina senhor. O que seria nobre, inclusive no contexto budista, seria escapar dessa ilusão da subjetividade. A ausência é um ideal budista, uma fórmula de redenção. O escape é a redenção. Agir e se apegar é sofrimento. A redenção significa escapar do karma, que literalmente significa fazer ou ação.

Um dia, Confúcio dirige a seus discípulos as seguintes palavras: "'eu preferiria não falar'. Dsi Gung disse: 'se o mestre não fala, o que nós, discípulos, teríamos então para registrar?' O mestre disse: 'em verdade, será que o céu fala? As quatro estações seguem (seu curso), todas as coisas são geradas. Em verdade, será que o céu fala?'"[96]. O silêncio de Confúcio não se refere ao indizível, ao mistério que não poderia ser capturado pela linguagem. Se Confúcio quer ficar em silêncio, não é porque a linguagem, devido à sua insuficiência, não seria adequada ao objeto de designação. Não é sua falta, mas seu excesso, sua loquaci-

---

96 Confúcio. *Gespräche*. Munique: dtv, 2005, p. 168.

dade que desacredita a linguagem. O silêncio de Confúcio não está endereçado a nenhuma transcendência que ultrapassaria a imanência linguística e à qual apenas o silêncio faria jus. De resto, o céu dos chineses não designa nenhuma transcendência. Ele não tem profundidade teológica. O silêncio de Confúcio não comporta uma força centrífuga que o levaria em direção a um sublime. Confúcio não foge da linguagem em prol de uma essencialidade que se esquivaria persistentemente da linguagem, para a qual toda expressão linguística seria uma traição, uma violação. O silêncio de Confúcio não é um silêncio *eloquente*. Ele quer justamente evitar qualquer eloquência.

O indizível que a linguagem evita não é uma figura de pensamento do Extremo Oriente. Por outro lado, no discurso ocidental ele é muito difundido. Às vezes, a linguagem é abandonada em prol de um resquício apenas cantável, como fariam, por exemplo, Celan ou Heidegger. Apenas o silêncio está à altura daquele resquício sagrado, que se exprime metafisicamente, esteticamente ou – como em Lévinas, por exemplo – eticamente. Em relação ao "outro" que escapa a qualquer discurso em Levinas, Derrida observa:

> Enfim, se nos mantivermos no interior do discurso de Levinas, o que uma linguagem sem frase, uma linguagem que não diria nada, ofereceria ao outro? [...] Um mestre que se proibisse a *frase* não daria nada; ele não teria discípulos, mas apenas escravos[97].

Os discípulos de Confúcio não são servos. Ao ficar em silêncio, ele lhes dá a pensar. Os mestres zen também são conhecidos por serem taciturnos. Não é raro que os discípulos alcancem a iluminação porque o mestre persistentemente se recusa a dizer algo. Os mestres zen frequentemente recorrem a palavras sucintas, muitas vezes vazias de significado. Mas seu silêncio é *vazio*. Ele não *aponta* para nada. A rarefação da linguagem no zen budismo também não ocorre em prol de uma essencialidade indizível e misteriosa. Não se abdica da linguagem por falta, mas por excesso. O ato de falar já pressupõe uma distância

---

97 Derrida, J. *Die Schrift und die Differenz*. Frankfurt am Main: Suhrkamp, 1972, p. 226.

do acontecimento. Ele transforma o escape em uma *ocorrência*, abandonando a imediatez do acontecimento. O fato de o céu não falar não significa que ele, em sua inescrutabilidade ou em seu caráter enigmático, se retire para um silêncio misterioso. Poderíamos dizer que o céu não fala porque não tem necessidade de falar. O céu ocidental ou cristão, por outro lado, é muito *eloquente*. O céu chinês não é eloquente nem mudo. É a *simplicidade de seu "assim"* que torna a linguagem completamente supérflua. A cultura do Extremo Oriente não é uma cultura do mistério ou do enigma, mas uma cultura do *ser-assim*. O pensamento do Extremo Oriente é *plano* em um sentido particular. Ele não se aprofunda no inexprimível. Nem o pensamento nem a alma possuem um porão. Não há uma profundidade obscura a que a metafísica ou a psicanálise devam se dedicar.

Confúcio se cala. Mas ele não oculta nada. Mesmo seu silêncio é *vazio*. E, calando-se, ele *se* retira para a ausência. Nisso reside sua amabilidade. Devido à sua negatividade, o silêncio comum é indelicado. Mas o silêncio de Confúcio é desprovido de negatividade.

Em uma anotação, Handke escreve: "a consciência não precisa do meu silêncio? Ela não ganha vida apenas no meu querido silêncio? 'Ele se calou amavelmente': expressão maravilhosa! Silêncio amável, até que ele preencha o mundo: ideal". Poderíamos também dizer: eu me calo amavelmente até ser completamente preenchido pelo mundo. Confúcio se cala amavelmente. O silêncio amável é um estado de ausência e escape. Calando-*se*, você desaparece e se torna *mundo*. Calando-se, Confúcio se torna o *céu*. Esse silêncio é deslimitante, ele suspende a diferença entre o eu e o mundo, entre ativo e passivo, entre sujeito e objeto. Sua amabilidade reside nessa in-diferença.

Eu sou parte do acontecimento, sem nele *tomar* parte ou *ter* parte. Aquém da do tomar-parte e do ter-parte, aquém do tomar e do ter, eu *sou* uma parte. Sou uma parte da visibilidade do mar. Através de mim, o mar se manifesta. Em vez de tomar parte ou ter parte, deveríamos falar em com-partilhar. Eu sou uma coparte do acontecimento. Nesse acontecimento, não é possível determinar *quem habita o centro e quem habita a periferia*, quem é o *senhor* do acontecimento ou seu *servo*. Esse acontecimento não permite uma perspectiva central. Ninguém ocupa uma posição a partir da qual ele pudesse ser observado. Cada elemento do acontecimento é uma coparte equitativa. Assim, *cada* coparte pode constituir o centro. O relaxamento que sinto toda vez que digo em coreano *bada-ga-bo-in-da*, uma tranquilidade que desapareceria completamente na tradução para o português "eu vejo o mar", provavelmente deriva dessa ausência do eu do qual tudo se originaria, dessa *ninguendade*.

Para a sensibilidade estética dos asiáticos, um acontecimento que se realiza sem sujeito, que ocorre sem a ênfase da ação, seria não apenas nobre, mas sobretudo belo. A ênfase na ação subjetiva é um padrão de pensamento tipicamente ocidental. Em sua *Filosofia do Espírito* (1805/06), por exemplo, Hegel escreve:

> O ser humano é esta noite [...] aqui, um rosto sangrento [...] dispara, ali outra figura branca surge repentinamente e desaparece da mesma forma. Vemos essa noite quando olhamos nos olhos de uma pessoa – uma noite que se torna *terrível*; pois aqui a noite do mundo pende deles em nossa direção...

> *o poder para extrair essas imagens da noite ou deixá-las cair no chão: autoposição, consciência interna, fazer...*[98]

É o poder que transforma a noite em dia, a escuridão em claridade, o caos em imagem, em forma. Ele aponta para o ativismo de um eu heroico que *se* põe, que *se* efetiva no *fazer*. Mesmo Nietzsche tem dificuldade em pensar além do fazer. Afinal, ele tentou pensar o fazer sem agente:

> [...] não existe "ser" por trás do fazer [...]; "o agente" é uma ficção acrescentada à ação – a ação é tudo. [...] Os cientistas não fazem outra coisa quando dizem que "a força movimenta, a força origina", e assim por diante – toda a nossa ciência se encontra sob a sedução da linguagem, não obstante seu sangue-frio, sua indiferença aos afetos, e ainda se livrou dos falsos filhos que lhe empurraram, os "sujeitos"[99].

Apesar de sua perspicácia, Nietzsche não conseguiu passar de uma filosofia do fazer e do

---

98 Hegel, G. W. F. *Jenenser Realphilosophie*. Vol. 2. Leipzig: Meiner, 1931, p. 180-181.

99 Nietzsche, F. *Genealogia da moral: uma polêmica*. São Paulo: Companhia das Letras, 1998, p. 36.

poder para uma filosofia do acontecimento. Por isso ele permaneceu um pensador ocidental. Em última instância, o escape ou a ausência são completamente estranhos a Nietzsche. Com sua filosofia do poder e da vontade, seu pensamento está amplamente preso à subjetividade.

O mundo é um *verbo*, mais precisamente, um infinitivo, um acontecimento que em muitos aspectos é infinito, ou seja, indeterminado, expressa positivamente, aponta para um processo infinito de mudanças. O verbo chinês também é indeterminado em relação à pessoa, tempo e número. Ele simplesmente não se conjuga. Nem o pensamento chinês nem a língua chinesa conhecem o caráter definitivo de um *finitum*. Um símbolo chinês pode ser usado como substantivo, adjetivo, verbo ou preposição dependendo de sua posição. Um símbolo pode variar entre verbo e preposição. Nas línguas do Extremo Oriente, o adjetivo também tem um status particular. Ele é frequentemente usado como um verbo. Isso pode ser formulado da seguinte maneira: o adjetivo não é uma *propriedade* de um *substantivo*, não é um *acidente* de uma *substância* subjacente.

Ao contrário, ele é um *estado* determinado de todo o acontecimento, do verbo. Também poderíamos dizer que substantivo, adjetivo e advérbio são as *copartes* de um acontecimento, isto é, do verbo. Assim, é possível deixar o infinitivo sozinho sem mais determinações. É muito reconfortante observar o verbo nesse estado infinito, ou mesmo inocente. Ele não conhece nem a compulsão da voz ativa nem da voz passiva, nem a ação nem a paixão, nem culpa nem expiação, nem perpetrador nem vítima. O brilho de muitos haicais também deriva desse acontecimento sem um fazer:

> *Nas asas do pato,*
> *a neve delicada se acumula;*
> *Ah, esse silêncio.*
> Shiki
> *Ninguém à vista,*
> *na primavera, como atrás de um espelho*
> *a flor da ameixeira.*
> Bashō

Entregar-se inconscientemente e sem desejo ao perfume da ausência, ser ausente, um ausente, ser sem eu nem nome, afundar-*se* na paisagem do vazio, ser simplesmente sua coparte, eis o ideal de muitos poetas do Extremo Oriente.

Fig 14: Paisagem do vazio

問佘何意栖碧山
笑而不答心自閑
桃花流水杳然去
別有天地非人間

> Perguntado por que vivo na montanha azul,
> Sorrio, esquecido de mim, em vez de dar uma resposta.
>
> Na água as flores de pêssego flutuam para longe. Entre o céu e a terra, ah, sinto-me como se não estivesse entre os humanos…
>
> Li Tai-Bo

Heidegger sempre foi tocado pelo pensamento do Extremo Oriente. Mas, em muitos aspectos, permaneceu um pensador ocidental, um filósofo da essência. Até o seu silêncio é *eloquente*. Ele está *a caminho* do "velado", da "origem" que foge à palavra. Assim, a verdade deve ser "silenciada". Uma frase famosa de Heidegger em *A caminho da linguagem* diz: "um 'é' se dá, onde se interrompe a palavra. Interromper significa devolver o elemento sonoro da palavra para o não sonoro, para onde ela antes se resguardava: consonância do quieto […]"[100]. Hei-

---

100 Heidegger, M. *A caminho da linguagem*. Petrópolis/Bragança Paulista: Vozes/Editora Universitária São Francisco, 2003, p. 171.

degger também usa muitas vezes a figura do "caminho". Mas o seu "caminho" é diferente do caminho como *dao*. Os "caminhos de floresta" terminam "bruscamente" "no não trilhado". Eles se aprofundam "na localidade que se recusa no inacessível"[101]. O caminho do taoísmo não conhece essa *brusquidão* ou *profundidade*. Ele não se retira para o "não trilhado" ou para o "inacessível". O *dao* é um *modo de caminhar*. Ele só escapa a uma determinação porque está constantemente mudando seu curso. A dialética entre escuridão e luz, entre velamento e desvelamento, entre revelação e retirada[102], não é o traço fundamental do *dao*.

Heidegger não é um filósofo do *caminho*. Ele gira em torno do *ser*. Assim, ele o associa à calma, ao silêncio e à duração. O processo e a mudança, que constituem o *dao*, não são traços fundamentais do ser: "demorar significa: perdurar, ficar quieto, parar e deter-se, ou seja, na calma.

---

101 Heidegger, M. *Aus der Erfahrung des Denkens*. Gesamtausgabe, Abt. 1, vol. 13. Frankfurt am Main: Vittorio Klostermann, 1983, p. 223.

102 Heidegger fala em uma "penúria da escuridão hesitante na luz que espera" (Ibid., p. 222).

Goethe diz em um belo verso: 'o violino para, o dançarino demora'. De fato, demorar, perdurar, perdurar perpetuamente, é o antigo sentido da palavra 'ser'"[103]. Além disso, o ser de Heidegger, que recua para o velamento, não captura a imanência do *ser-assim* que domina o pensamento do Extremo Oriente. O ser-assim é *mais plano* e *cotidiano* do que o "ser" de Heidegger.

> Ontem, hoje, é como é. No céu, o sol nasce e a lua se põe. Diante da janela, ergue-se a montanha e flui o rio profundo[104].

Em *O princípio do fundamento*, Heidegger cita Angelus Silesius: "um coração que em seu fundo tem a calma de Deus, como Ele quer,/ É tocado de bom grado por Ele: é Seu toque de alaúde"[105]. Sem Deus, sem o músico divino, o coração fica sem música. Em outro lugar, Heidegger dá uma torção idiossincrática à frase de Leibniz *Cum Deus calculat fit mundus*

---

[103] Heidegger, M. *Der Satz vom Grund*. Gesamtausgabe, Abt. 1, vol. 10. Frankfurt am Main: Vittorio Klostermann, 1997, p. 186.

[104] *Der Ochs und sein Hirte. Eine altchinesische Zen-Geschichte*. Pfullingen: Neske, 1958, p. 120.

[105] Heidegger, M. *Der Satz vom Grund*, p. 118.

(quando Deus calcula, faz-se o mundo): "enquanto Deus toca, faz-se o mundo"[106]. Deus toca. A música tocada por Ele é o mundo. No fim das contas, não há tanta diferença assim entre o Deus que calcula e o que toca. Mesmo o músico divino tem muito *fazer*, muita subjetividade. Ele não é *ausente*. O alaúde de Zhuang Zhou não é um alaúde de Deus. Ele tem uma propriedade particular. Ele só ressoa quando o músico *se retira*, quando ninguém está *presente*. Sem nenhum músico, sem a *virtuosidade* de um sujeito divino ou humano, sem nunca ser tocado por ninguém, ele emite sons de beleza inaudita e fragrâncias encantadoras de ausência.

---

106 Ibid., p. 167.

Cumprimento e reverência
Amabilidade

> *Ergui a mão para cumprimentar*
> *o pássaro no arbusto e senti a*
> *figura do cumprimentado na*
> *palma da minha mão.*
> Peter Handke

A palavra alemã para "cumprimentar", *grüßen* (do alto-alemão antigo *gruozen*), tem uma etimologia muito interessante. Sua origem, na verdade, está longe de ser amigável. Originalmente, significa "fazer alguém falar", "desafiar", "perturbar" ou "atacar". *Gruozen* está relacionado ao gótico *gretan*, que significa "gritar" ou "fazer chorar". Curiosamente, *gruozen* é uma onomatopeia. Tem um som muito áspero e gutural. Supõe-se que há uma proximidade etimológica entre *gruozen* e *Groll* (rancor), que também é uma onomatopeia[107].

---

107 Cf. *Etymologisches Wörterbuch des Deutschen*. Vol. 1. Berlim: Akademie, 1989.

Originalmente, a pessoa que cumprimentava devia emitir um som escuro e gutural, que se assemelhava a uma ameaça. Além disso, *gruozen* tem uma semelhança marcante com outra onomatopeia do alto-alemão antigo, *grunnezzen* (no século IX, *grunnizon*), que significa "resmungar" ou "guardar rancor". *Grunnezzig* significa "encolerizado" ou "rabugento"[108]. No alto-alemão moderno, *grunnezzen* significa "grunhir". Essa semelhança fonética sugere que a *genealogia* do cumprimento não atestará uma origem *nobre*.

Inicialmente, o *outro* representa uma possível ameaça e perigo para minha existência. Assim, ele parece perturbador. Provavelmente, o som gutural de *gruozen* é uma reação imediata a essa *ameaça primordial* que vem do outro, do outro *ser humano*. Ao emitir o som gutural ameaçador, eu desafio o outro à luta. Eu o *gruozo*. O efeito perturbador que vem dele só se dissipa quando ele abre mão totalmente de sua oposição, submetendo-se a mim. Aquela cena arcaica na *Fenomenologia do Es-*

---

108 Cf. Splett, J. *Althochdeutsches Wörterbuch*. Vol. I.1. Berlim/Nova York: De Gruyter, 1993.

pírito de Hegel, na qual, por assim dizer, dois seres humanos primitivos se encontram pela primeira vez, a saber, a cena do senhor e do escravo, é uma cena de *gruozen*. Ela começa com um *gruozen* agressivamente desafiador. Hegel escreve: "*eles devem* [...] *ferir um ao outro*; que cada um, na singularidade de sua existência, se ponha como uma totalidade excludente, isso deve se tornar efetivo; a ofensa é necessária [...]"[109]. A primeira palavra não é uma palavra amigável. Com o som ameaçador, cada um anuncia seu direito ao *todo*. Assim, a luta é inevitável. Quem se submete ao outro por medo da morte se torna seu escravo. Quem, destemidamente, prefere a morte à submissão, se torna seu senhor. O senhor não cumprimenta seu escravo amigavelmente. Ao contrário, ele deve expô-lo a uma ameaça latente e permanente para que ele permaneça seu escravo. Quem obtém o poder, a *dominação*, perpetua a *si mesmo* no outro. Para ele, o outro não existe. O outro não *se* afirma. Ao

---

109 Hegel, G. W. F. *Jenenser Realphilosophie*. Vol. 1. Leipzig: Meiner, 1932, p. 227.

contrário, ele apenas realiza minha vontade. Ele é *meu* escravo. Ele representa apenas uma extensão de mim mesmo. Assim, eu me continuo no outro. O poder restaura minha liberdade, que foi brevemente questionada diante do outro. Apesar do outro, eu *continuo*, ou melhor, *habito* livremente *em mim mesmo*.

O cumprimento tem uma genealogia particular. Ele foi precedido por uma luta, um desafiador *gruozen*, que deve ter soado semelhante ao *grunnizon*. A genealogia do cumprimento remete àquela cena de ferimento e luta, submissão e dominação. *Gruozen* é o som primordial do medo, do terror e da defesa. A dialética de senhor e do escravo de Hegel leva a um reconhecimento mútuo no final. Ela descreve aquele drama interpessoal que, da luta pela submissão do outro, leva ao reconhecimento mútuo, *relaxando* e se tornando um cumprimento amigável. Somente um reconhecimento mútuo transforma o gutural *gruozen* em um cumprimento, que ainda não é um som harmonioso, mas que, pelo menos, permite que o outro saiba que ele não me perturba, que eu reconheço sua alteridade e o aceitarei em sua alteridade.

O cumprimento dissolve *dialogicamente* aquela tensão interpessoal que leva à luta e à submissão. A dialética que atenua o desafiador *gruozen*, transformando-o em um cumprimento, é um processo de mediação dialógica. O diálogo é uma relação binária entre *pessoas*. A tensão antagônica não é superada por meio de uma negação da alteridade. Afinal, o cumprimento se baseia em uma alteridade. A mediação dialógica, que leva à reconciliação e ao reconhecimento, retira da alteridade sua agudeza antagônica.

Heidegger também pensa o cumprimento a partir da dialogicidade do reconhecimento. Em sua preleção sobre Hölderlin, *Andenken*, há um pequeno trecho no qual Heidegger se volta brevemente ao fenômeno do cumprimento. O "cumprimento genuíno", segundo Heidegger, é um "apelo" que confere ao cumprimentado sua própria *essência* e, desse modo, reconhece o cumprimentado em sua *essência*, deixando-o ser o que é através desse reconhecimento[110]. Sua amabilidade reside nesse "deixar ser", nessa *serenidade* em relação ao outro. O cumprimento é, acima de tudo, um acontecimento da *essência*. Nesse ponto, Heidegger fala excessivamente da essência: "o que é devido a cada ente de antemão é a essência a partir da qual ele é o que é"[111]. No cumprimento mútuo, a essência das *pessoas* envolvidas se delineia dialogicamente. É um *dia-legein*. Cumprimentar-se mutuamente significa ajudar-se mutuamente a alcançar sua essência. O cumprimento é um acontecimento de reconhecimento. Cumprimentar o outro significa reconhecê-lo em sua essência, isto é, naquilo que ele *é*, em sua pessoa. A essência do cumprimentado, sua pessoa, lhe são concedidas, ou mesmo saudadas. Também poderíamos dizer que o cumprimento deixa que o cumprimentado *seja presente* propriamente. O cumprimento é um acontecimento de distinção, na medida em que os cumprimentado-

---

110 Heidegger, M. *Hölderlins Hymne "Andenken"*. Gesamtausgabe, Abt. 2, vol. 52. Frankfurt am Main: Vittorio Klostermann, p. 1982, p. 50.

111 Ibid.

res se retiram para suas respectivas essências. Assim, o cumprimento não institui uma proximidade de fusão. Ao contrário, o cumprimentador cumprimenta o cumprimentado na distância, na alteridade de sua essência:

> No cumprimento genuíno, oculta-se até mesmo aquela misteriosa severidade pela qual a cada vez os cumprimentadores são apontados para a distância de sua própria essência e de sua preservação; pois tudo que é essencial, por aquilo que lhe é próprio, está sempre incondicionalmente distante do outro[112].

O diálogo não busca uma fusão. Ele ocorre sempre em um *entre* que distingue *e* media. A fusão faz justamente que esse *entre* dialógico desapareça. O "cumprimento genuíno" sempre mantém uma "distância" que está inscrita nesse *entre*. O entre garante o *vai e vem* dialógico, ou seja, a "transição" *entre* as *essências* separadas que o habitam como *pessoas*: "no entanto, é só essa distância que garante os momentos de transição de um para o outro. O cumprimento genuíno é um modo de tal tran-

---

112 Ibid., p. 50-51.

sição"[113]. A distância, o entre, não desaparece apenas pela fusão, mas também pela apropriação unilateral do outro. O "cumprimento genuíno" de Heidegger é um cumprimento *amigável*, na medida em que *deixa* o outro *ser* na distância ou na alteridade de sua essência e renuncia à apropriação do outro. A *amabilidade dialógica* baseia-se precisamente nessa renúncia: "Cumprimentar é alcançar o cumprimentado, tocar em… sem realmente tocar, pegar sem nunca precisar de uma "captura", porque é ao mesmo tempo um deixar ir". *A amabilidade é serenidade.*

Aquele que *gruozt* o outro e o desafia para a luta quer se pôr como uma totalidade exclusiva. Ele reivindica *tudo* para *si*. E o outro tem que ser *nada*. Por isso essa totalidade é exclusiva. Nela, o outro só tem lugar como servo que cumpre minha vontade e que, assim, me estende. O "cumprimento genuíno" de Heidegger representa uma total inversão desse desafiador *gruozen*. Não é raro que a *genealogia* seja uma história de inversão. Heidegger não está totalmente consciente da-

---

113 Ibid., p. 51-52.

quela dialética, daquela longa história de reconhecimento que levou da hostilidade arcaica à amabilidade do cumprimento dialógico. Ele não pensa nem dialética nem genealogicamente. O "genuíno", que genealogicamente seria o posterior, o derivado, o mediado, é apostrofado como o "originário". O cumprimento "genuíno" se afastou muito de sua origem genealógica. Ao contrário do *gruozen* originário, no qual um busca tomar tudo para si, quem cumprimenta amigavelmente não reivindica "nada para si". Ele só se ocupa do outro. Ele concede ao cumprimentado o que lhe é devido, ou seja, sua essência:

> Na medida em que o cumprimentador, de alguma forma e em certo aspecto, necessariamente fala de si, ele diz exatamente que não quer nada para si, mas dedica tudo ao cumprimentado, tudo aquilo que é prometido ao cumprimentado no ato de cumprimentar. Isso é tudo o que é devido ao cumprimentado enquanto aquele que ele é.

A amabilidade do cumprimento baseia-se na dialogicidade do reconhecimento, do deixar-ser acentuado, do deixar-o-outro-ser-presente.

O espaço onde o cumprimento ocorre carrega-se com uma tensão dialógica, condensa-se em um *espaço interior* dialógico. O espaço dialógico está, por assim dizer, *cheio*. Ele é preenchido com a *essência*. Surge uma aglomeração de interioridades, uma aglomeração do *olhares*, uma aglomeração de pessoas, uma aglomeração de palavras. No diálogo, convidamo-nos mutuamente a estar propriamente *presentes*, a preencher o espaço com nossa presença. Estar propriamente *presente* é a condição do diálogo.

É inerente ao cumprimento o convite a *estar-diante* do outro como um *eu*, a levantar-se como uma pessoa. Isso se expressa principalmente no *olhar*. O cumprimento responde ao *olhar do outro*. A cultura do Extremo Oriente é, para dizer de uma maneira um pouco exagerada, uma *cultura sem olhar*. O olhar é *o outro*. No Japão, é considerado rude olhar diretamente nos olhos do outro. É por conta da ausência de olhar que a aglomeração de pessoas, característica das grandes cidades do Extremo Oriente, não é sufocante. A ausência de olhar cobre as cidades superlotadas com um vazio e uma ausência particulares.

O cumprimento *produz um levantamento*. Sua *postura* é o *estar-de-pé-diante*. O estar de pé, a constância ou a independência com a qual eu encontro o outro, resisto a ele ou o reconheço, são todos traços fundamentais da *essência*. A reverência japonesa representa um movimento contrário. Ela *curva* a pessoa em direção a uma ausência. Não é um acontecimento dialógico, o que já se mostra no fato de que os cumprimentadores não se olham nos olhos. A reverência faz o olhar desaparecer. Somente o olhar mútuo abre o espaço dialógico. Durante o momento da reverência, não se olha para *lugar algum*. Esse "lugar algum" marca o nada, o vazio, a in-diferença na qual o olhar é imerso.

Na profunda reverência, a postura corporal já se opõe ao estar-diante, a essa postura dialógica. Os que se curvam formam juntos um nível plano que, por assim dizer, *nivela* a oposição das pessoas. Ela nivela a *posição do eu* em uma *ausência*. Muitas vezes, esse nível plano que os que se curvam formam juntos não é formado por uma linha *reta*. Não nos curvamos *diante* do outro em uma *oposição* direta. Ao contrário, as linhas prolongadas dos corpos profundamente curvados se cruzam. Esse cruzamento supera definitivamente a oposição pessoal. Não nos curvamos *diante* do outro, mas *para* o vazio.

Quem cumprimenta quem? *Ninguém cumprimenta*. Ninguém cumprimenta ninguém. A profunda reverência nivela a pessoa, transformando-a em ninguém. Em seu livro sobre o Japão, *O império dos signos*, Roland Barthes também faz a pergunta "quem cumprimenta quem?" e responde: "a saudação pode ser aqui subtraída a toda humilhação ou a toda vaidade, porque literalmente não saúda ninguém" (*il ne salue personne*)[114]. A reverência japonesa não tem uma *pessoa* como sua contraparte. Devido à ausência de oposição, também não ocorre submissão. É a mitologia ocidental da "pessoa" que faz a profunda reverência parecer submissa. Para o observador ocidental, é irritante que a submissão aconteça dos dois lados. Quem submete quem? Quem se submete a quem? A submissão mútua supera precisamente a relação de submissão.

---

114 Barthes, R. *O império dos signos*, p. 88.

Os que se curvam não se retiram, como no cumprimento dialógico, para "a *distância* de sua própria essência e de sua preservação". Ao contrário, eles *se* retiram para a ausência. Ao se curvar profundamente, nega-se a *si mesmo*.

Fig 15: Ninguém cumprimenta

Curvando-se, recua-se para a ausência. Em vez de *estar presente* um para o outro, em vez de ajudar um ao outro a alcançar sua essência, trata-se de *ausentar-se*. A espacialidade da profunda reverência não é a *proximidade*. Ela mantém os envolvidos à distância. Eles não se aproximam. A superação do eu também não leva à fusão com o outro. A profunda reverência mantém um *entre*. Mas esse entre não é nem *inter* nem *dia*. Ele não é *ocupado* nem interpessoal nem dialogicamente. Ao contrário, esse *entre* é *vazio*. O olhar ausente já retira o caráter dialógico, esvazia o espaço da profunda reverência, transformando-o em um entre *vazio*.

A *gramática da reverência* não conhece nem o *nominativo* nem o *acusativo*, nem *sujeito* que submete nem *objeto* submetido, nem *voz ativa* nem *voz passiva*. Ela não conhece *flexão*. A reverência mútua supera justamente o *caso gramatical*. Sua *amabilidade* reside nessa *ausência de caso gramatical*. A profunda reverência não flexiona o nominativo, que seria o caso do eu em pé, para o acusativo. A ética do outro de Levinas, que, por sua vez, se afasta tanto da ética da liberdade quanto da ética do diálogo, tenta abandonar completamente o eu, "instalado no nominativo na sua identidade".

Mas ela se utiliza de uma *flexão* violenta. O nominativo é flexionado para o "acusativo": "não um *eu* propriamente dito, instalado no nominativo na sua identidade, mas de imediato compelido a...: como no acusativo, de imediato responsável e sem escapatória possível"[115]. O outro me flexiona em "refém". Sem essa flexão violenta, o eu voltaria a se erguer a um nominativo inflexível. A ética da amabilidade abandona não só o nominativo, mas também o acusativo, ou melhor, o próprio caso gramatical. Ela também abandona o espaço interno dialógico e se dirige para o espaço da ausência, para o entre vazio, que não é *ocupado* nem pelo eu nem pelo outro.

---

115 Levinas, E. *De outro modo que ser ou para lá da essência*. Lisboa: Centro de Filosofia da Universidade de Lisboa, 2011, p. 102.

Fig 16: A quem está dirigida a reverência?

O que subjaz à profunda reverência é a decisão de nivelar a precária oposição entre as pessoas em uma in-diferença, em vez de desarmá-la dialogicamente. Ela não faz a mediação entre *pessoas*, não reconcilia ninguém com ninguém. Ao contrário, ela esvazia e desinterioriza os envolvidos, tornando-os *ausentes*. A reverência no Japão certamente segue um código sutil de cortesia, no qual também está inscrita uma hierarquia social. Mas ela contém um elemento estrutural que é profundamente budista e que não seria concebível sem a ideia budista de vazio. O budismo é uma religião da ausência. O vazio budista (*kong*) esvazia o ser e o transforma em ausência. Assim, ele não conhece um "Deus" que seria uma forma superlativa do ser. A essência opera distinções, produz diferenças. A ausência, que deve ser entendida de forma ativa, transforma a diferença em uma in-diferença. Ela *nega* a diferença. O 68º exemplo do Biyan Lu expressa esse movimento da ausência.

> Yang-schan (Hui-dji) perguntou a San-scheng (Hui-jan): qual é o seu nome? San-scheng respondeu: Hui-dji. Yang-schan disse: mas Hui-dji sou eu! San-scheng disse: então, o meu nome é Hui-jan. Yang-schan riu poderosamente: Hahaha![116]

Uma fragrância de ausência permeia essa cena genuinamente zen-budista de in-diferença. *Eu sou você*. Mas isso não é um princípio da identidade que ainda segue a lógica da essência, mas um princípio da ausência. *Eu sou você*, porque nenhuma identidade, nenhuma compulsão à essência, *distingue* o eu do você. A risada poderosa de Yang-schan elimina qualquer diferença. Aqui, a transição do um para o outro não se configura dialogicamente. Ao contrário, ela acontece a partir da in-diferença, do entre vazio. O retorno ao próprio nome "eu sou eu" é permeado pela ausência. Isso confere ao "eu sou eu" uma leveza e uma serenidade reconfortantes. O eu perde qualquer caráter definitivo e rigidez. Assim, "eu sou eu" volta a se transformar facilmente em

---

[116] Biyan Lu. *Meister Yüan-wu's Niederschrift von der Smaragdenen Felswand*. Vol. 3. Munique: Carl Hanser, 1973, p. 105.

"eu sou você" no momento seguinte. A ausência permite essa transição serena e amigável. A risada poderosa de Yang-schan ainda ressoa naquele país onde a reverência profunda se tornou religião, *a religião da ausência.*

Referências

BARTHES, R. *O império dos signos*. São Paulo: WWF/Martins Fontes, 2007.

BENJAMIN, W. *Magia e técnica, arte e política. Ensaios sobre literatura e história da cultura*. São Paulo: Brasiliense, 1987.

BIYAN LU. *Meister Yüan-wu's Niederschrift von der Smaragdenen Felswand*. Vol. 1. Munique: Carl Hanser, 1964.

CONFÚCIO. *Gespräche*. Munique: dtv, 2005.

DERRIDA, J. *Die Schrift und die Differenz*. Frankfurt am Main: Suhrkamp, 1972.

DESCARTES, R. *Discurso do método para bem conduzir a própria razão e procurar a verdade nas ciências*. In: DESCARTES, R. *Textos selecionados*. São Paulo: Abril Cultural, 1983.

DESCARTES, R. *Princípios da filosofia*. Lisboa: Edições 70, 1997.

DOGEN. *Shôbôgenzô [Master Dogen's Shobogenzo]*. Livro 1. Londres: Windbell, 1996.

DOGEN. *Shôbôgenzô zuimonki. Unterweisungen zum wahren Buddha-Weg*. Heidelberg: Kristkeitz Werner, 1997.

DOGEN. *Shôbôgenzô [Master Dogen's Shobogenzo]*. Livro 3. Londres: Windbell, 1997.

Etymologisches Wörterbuch des Deutschen. Vol. 1. Berlim: Akademie-Verlag, 1989.

FICHTE, J.G. *Die Bestimmung des Menschen*. Hamburgo: Meiner, 1979.

HEGEL, G.W.F. *Cursos de estética*. Volume II. São Paulo: Edusp, 2014.

HEGEL, G.W.F. *Cursos de estética*. Volume III. São Paulo: Edusp, 2002.

HEGEL, G.W.F. *Enzyklopädie der philosophischen Wissenschaften. Werke in zwanzig Bänden*. Vol. 10. Frankfurt: Suhrkamp, 1970.

HEGEL, G.W.F. *Jenenser Realphilosophie*. Vol. 1. Leipzig: Meiner, 1932.

HEGEL, G.W.F. *Jenenser Realphilosophie*. Vol. 2. Leipzig: Meiner, 1931.

HEGEL, G.W.F. *Tagebuch der Reise in die Berner Oberalpen*. *In*: ROSENKRANZ, K. *Georg Wilhelm Friedrich Hegels Leben*. Berlim: Duncker und Humblot, 1844.

HEGEL, G.W.F. *Vorlesungen über die Geschichte der Philosophie. Werke in zwanzig Bänden*. Vol. 12. Frankfurt: Suhrkamp, 1970.

HEIDEGGER, M. *A caminho da linguagem*. Petrópolis/Bragança Paulista: Vozes/Editora Universitária São Francisco, 2003.

HEIDEGGER, M. *Aufenthalte*. Frankfurt am Main: Vittorio Klostermann, 1989.

HEIDEGGER, M. *Aus der Erfahrung des Denkens*. Gesamtausgabe, Abt. 1, vol. 13. Frankfurt am Main: Vittorio Klostermann, 1983.

HEIDEGGER, M. *Besinnung*. Gesamtausgabe, Abt. 3, vol. 66. Frankfurt am Main: Vittorio Klostermann, 1997.

HEIDEGGER, M. *Hölderlins Hymne "Andenken"*. Gesamtausgabe, Abt. 2, vol. 52. Frankfurt am Main: Vittorio Klostermann, 1982.

HEIDEGGER, M. *Holzwege*. Gesamtausgabe, vol. 5: Abt. 1. Frankfurt am Main: Vittorio Klostermann, 1977.

HEIDEGGER, M. *Marcas do caminho*. Petrópolis: Vozes, 2008.

HEIDEGGER, M. *Reden und andere Zeugnisse eines Lebensweges 1910-1976*. Gesamtausgabe, vol. 16: Abt. 1. Frankfurt am Main: Vittorio Klostermann, 2000.

HEIDEGGER, M. *Ser e tempo*. Petrópolis: Vozes, 2015.

HEIDEGGER, M. *Der Satz vom Grund*. Gesamtausgabe, Abt. 1, vol. 10. Frankfurt am Main: Vittorio Klostermann, 1997.

HEIDEGGER, M. *Was heißt Denken?*. Tübingen: Max Niemeyer Verlag, 1971.

HEIDEGGER, M. *Zur Sache des Denkens*. Tübingen: Max Niemeyer, 1976.

HOMERO, *Odisseia*. São Paulo: Editora 34, 2011.

JULLIEN, F. *Über die Wirksamkeit*. Berlim: Merve, 1999.

JULLIEN, F. *Über das Fade – Eine Eloge*. Berlim: Merve, 1999.

JULLIEN, F. *Sein Leben nähren*. Berlim: Merve, 2006.

KAFKA, F. *Um médico rural. Pequenas narrativas*. São Paulo: Brasiliense, 1994.

KANT, I. *Antropologia de um ponto de vista pragmático*. São Paulo: Iluminuras, 2006.

KANT, I. *Crítica da faculdade de julgar*. Petrópolis: Vozes, 2016.

KANT, I. *Crítica da razão prática*. São Paulo: WMF Martins Fontes, 2016.

KANT, I. *Prolegômenos*. In: KANT, I. *Textos selecionados*. São Paulo: Abril Cultural, 1984.

KANT, I. *Was heißt: Sich im Denken orientieren?*. Akademie-Ausgabe, vol. 8. Berlim: De Gruyter, 1912.

KENKÔ, Y. *Betrachtungen aus der Stille*. Frankfurt am Main: Insel Verlag, 1963.

LAOZI. *Tao te king. Das Buch vom Sinn und Leben*. Munique: dtv, 2005.

LEIBNIZ, G. W. *Die philosophischen Schriften*. Vol. 7. Berlim: Weidmann, 1890.

LEVINAS, E. *De outro modo que ser ou para lá da essência*. Lisboa: Centro de Filosofia da Universidade de Lisboa, 2011.

LEWIN, B. *Abriß der japanischen Grammatik*. Wiesbaden: Harrosowitz, 1996.

LIEZI. *Das wahre Buch vom quellenden Urgrund*. Düsseldorf/Colônia: Diederichs, 1980.

LINJI YIXUAN. *Das Denken ist ein Wilder Affe: Aufzeichnungen der Lehren und Unterweisungen des großen Zen-Meisters*. Berna; Munique; Viena: O. W. Barth, 1996.

NIETZSCHE, F. *Assim falava Zaratustra*. Petrópolis: Vozes, 2011.

NIETZSCHE, F. *Genealogia da moral: uma polêmi-

ca. São Paulo: Companhia das Letras, 1998.

NIETZSCHE, F. *Nachgelassene Fragmente 188-1889*. KGW, Abt. VIII, vol. 3. Berlim/Nova York: De Gruyter, 1972.

Der Ochs und sein Hirte. Eine altchinesische Zen-Geschichte. Pfullingen: Neske, 1958.

PLATÃO. *Fedro*. In: *Diálogos*. Vol. V. Belém: UFPA, 1975.

PLATÃO. *O Banquete*. Petrópolis: Editora Vozes, 2017.

RYÔSUKE OHASHI (Org.). *Die Philosophie der Kyôto-Schule*. Freiburg; Munique: Karl Alber, 1990.

SPLETT, J. *Althochdeutsches Wörterbuch*. Vol. I.1. Berlim/Nova York: De Gruyter, 1993.

TANIZAKI, J. *Elogio da sombra*. Lisboa: Relógio D'Água, 1999.

ZHOUANG ZHOU. *Das wahre Buch vom südlichen Blütenland*. Düsseldorf: Diederichs, 1969.